成長マインドセット

Mindset for Explosive Growth

心のブレーキの外し方

吉田行宏
Yukihiro Yoshida

CROSSMEDIA PUBLISHING

マインドセット

経験や教育、
生まれ持った性質などから
形成される思考様式。
信念や心構え、
価値観や判断基準。

図1　成長の地図

この地図には隠された謎が……。
本書を読みながらその謎を解くことで、
あなたの仕事や人生、
人間関係をより素晴らしいものにする
宝が手に入ります。

プロローグ

成長って何だっけ？
なぜ、成長できないんだろう？

第1章のはじめ、本書の主人公の山田さんが、頭の中でつぶやくセリフです。忙しい日常では、あらためて『成長』について考える機会は少ないかもしれません。しかし、『成長』の理解を深めることで人生が劇的に変わるとしたら、あなたはどうしますか？

人は誰でも、自分の人生をより豊かで幸せなものにしたいと願っています。そして、それらを手に入れるために、『成長』はとても重要な要素だと思います。こうお話ししても、ピンとこない方もいらっしゃるかもしれませんが、私は、『成長』を考えることは、自分の人生と向き合うということだと思っています。しかも、本当の意味での『成長』とは、単にテクニカルな方法論を習得するだけではなく、その本質や原理原則を理解しなければ得られないと思うのです。

もっと早く、このことを知っていたらよかった。

私が20年以上行ってきた『成長』に関するワークショップで多くの人から聞いた感想です。こうした声を聞くたびに、ワークショップで得た気づきや学びによって悩みが減り、人生の正しい自分軸の重要性を認識できれば、その後の人生をより素晴らしいものできると強く感じてきました。そして、そんなワークショップの体験を本にすることで、より多くの人に成長の機会を提供できるのではないかと考えるようになったのです。本書は、そんな私の想いを、多くの方々の協力によって実現したものです。

では、本書はどんな人に役立ててもらえるのか。次ページのチェックシートで、当てはまるものがないかチェックをしてみてください。

チェックシート

あなたに当てはまるものはありますか？ チェックしてみましょう。

〈全ての方〉

- □ 成長したい
- □ 悩みを減らしたい
- □ 自分の正しい軸を持ちたい
- □ 豊かな人生にしたい

〈社会人の方〉

- □ 仕事に少し悩みがある
- □ 会社の人間関係が難しいと感じている
- □ 会社や上司に少し不満がある

〈チームリーダー・経営者の方〉

- □ 部下の育て方に悩んでいる
- □ 部下に当事者意識を持ってほしい
- □ 組織を強くしたい

〈学生の方〉

- □ 自分の将来をイメージできない
- □ 自分に合う会社の選び方を知りたい

〈親御さん・教育者の方〉

- □ 子供・生徒に自立した人間として成長してほしい
- □ 教育方針で悩んでいる

〈夫婦・恋人の方〉

- □ パートナーとのけんかを減らしたい

いかがだったでしょうか？　もし、1つでも当てはまったなら、本書を読んでいただく価値は十分あるでしょう。そのわけは、読み進めるうちにご理解いただけると思います。

あまり前置きが長いと読者の皆さんに不要な先入観を与えてしまうことになるので、手短に本書の特徴をご説明します。本書は、『成長』について段階的に理解し、最終的には全ての要素が構造的に結びつき、自身の軸として深めていただけるように、少し変わった構成になっています。山田さんという一人の会社員を主人公にストーリーが展開されますが、その合間に読者の皆さんに向けた問いかけをたくさん用意しており、皆さんが自分で記入できる欄も設けています。

途中のワークを飛ばして読み進めることもできますが、それだと気づきや学びが浅くなってしまいます。自分なりに考え、深く内省することが、深く本質を理解する大事なポイントとなりますので、皆さんも山田さんと一緒に立ち止まり、じっくりと考えてみることをお勧めします。

最初はモヤモヤした気持ちになることも多いと思います、成長するには自分の今までの常識や価値観を進化させる必要があり、その過程で今までの自分との葛藤がそのモヤモヤとなって現れるのです。そこを少し我慢して読み進めていただければだんだんと霧が晴れ、「そういうことだったのか！」とスッキリした気分が味わえるはずです。


さぁ、準備は整いました。

物語の主人公と一緒に、未来への成長の扉を開いていきましょう！

本書との出会いが『成長』を考えるきっかけとなり、皆さんの人生がより良いものに変わることを願っています。

成長マインドセット　目次

第2章

成長を阻害する1つ目のブレーキ

第4章

成長を促進する1つ目のアクセル

第5章 成長を促進する2つ目のアクセル

〈登場人物紹介〉

マスター　カフェ店主

山田武史　ＩＴ企業勤務、課長

佐藤　山田の部下

鈴木優子《ゆっこ》　山田の大学時代の友人、会社員

知美　山田の婚約者

伊藤　山田の高校時代の友人、ホテルマン

高橋　山田の大学の後輩、就活生

第1章

成長とは何か

謎のマスターとの出会い

「はぁ……、成長か……」

僕は深いため息をついた。暑い昼下がり。次の客先への訪問まで少し時間が空いたので、資料を作成するためにカフェにでも入って作業をしようと、少し落ち着けそうな店を探していた。

今日は午前中に部長と今期の進捗についての面談があった。その際に、

「山田くんは、頑張ってくれているのは分かるんだが、会社や私の期待値に対して、いま一歩結果が出ていないし、ここ数年、成長が滞っているように感じるね。課長の君が早く成長しないと、君のチームのメンバーも成長しないし……」

と言われたことが頭に残っていた。

成長って何だっけ？

なぜ、成長できないんだろう？

そういえば最近は忙しくて成長のことなど考えずに仕事していたな。入社当時は成長意欲満々だったのに……。

「あれ？　こんなところにカフェなんてあったっけ？」

この道は、結構頻繁に通っていたけれど、落ち着けそうで洒落た雰囲気のこの店の存在には、今まで全く気がつかなかった。

＊　＊　＊

店内に入ると、涼しい風が頬をかすめる。店内にお客さんの姿は多くはなかった。僕はカウンターに座り、マスターにコーヒーをもらって一服する。パソコンを開いてメールのチェックをしていると、

「どうかされたんですか？」

ふいにマスターが声をかけてきた。無意識にまたため息をついていたらしい。

あらためてマスターのことをよく見ると、ロマンスグレーの髪に、洒落たメガネをかけている。温厚そうな雰囲気が、かえって人生経験の豊かさを物語っているようにも見える。普段は初対面の人に自分の悩みを話すようなタイプではないのだけれど、こちらを包み込むような笑顔で優しく話しかけられ、つい本音で答えていた。

「いやぁ、なかなか営業成績が上がらないんですよね。部下の数字も伸びなくて……」

「なるほど、結果が出ないことに悩まれているんですね」

「上司からも、『もっと早く成長しろ！』って言われてしまって。でも、成長するにはどうしたらいいか、分からなくなってしまったんです」

「そうですか。それは考え込んでしまいますねぇ」

うなずきながら話を聞いてくれるマスターが、まるで親戚のような距離感で心から僕を気遣ってくれているのを感じる。

「それなら、これがお役に立てるかもしれませんね」

マスターは笑みを浮かべながら、おもむろに1枚の絵を取り出した。

図2　マスターが取り出した１枚の絵

成長の地図

「何ですか、これは？」

カウンターに置かれた1枚の絵を見ても、僕には全く意味が分からない。

「お客様の悩みを減らし、成長を助けてくれる地図です」

えっ！　そんな都合のいいものあるの？　本当に？　まさかこのマスター、あとから怪しい壺とか売りつけようとしているんじゃないだろうな？　僕は心の中であれこれと考え、少し身構えてしまった。でも、今までも怪しい勧誘などを寄せ付けたことはないし、マスターがそんな感じの人でもなかったので、話の続きを聞くことにした。

「悩みを減らし、成長を助けてくれる地図ですか？」

「はい。この地図には3つの大切な要素が入っています。まず1つ目が〝成長とは何か？〟を知ること、次にその〝成長を阻害する要因〟と〝成長を促進する要因〟を理解し、行動できるようになることです。短い時間で、これら全てをお話しすることは難しいですが、もしよろしければ、最初の要素である〝成長とは何か？〟の部分はお伝えできると思います。それにまた立ち寄っていただければ、少しずつ続きのお話をすることはできますよ」

「いやぁ、本当にそんなことが可能なら、喜んで毎日のように来ますよ。でも、そんなに何回もお話を聞いたら、相談料とかをお支払いしなければならないですよね？」

僕にもコンサルタントやアドバイザーの知り合いが何人かいて、彼らが1時間当たり相当な金額を課して仕事をしているのを知っている。もし本当に役立つような話ならタダなわけがない。

「いえいえ、私が好きでお話しするだけですから、コーヒーを飲みに来ていただくだけで大丈夫ですよ。もちろん、お話しできるのは本業の合間にですけどね」

そう言って彼はウインクをした。マスターの笑顔を見ていると、「本当に？」と疑う気持ちと「それなら」と乗りたくなる気持ちが湧きあがってきた。

どうしよう……。あとで壺か何かが出てきても、それは断ればいいだけだ。僕はこのマスターとの出会いに少し運命的なものを感じ始めていたのと、今の状況を打破できるならぜひ相談してみたいと思い、真剣にマスターの話を聞いてみようと心を決めた。

「それなら、ぜひお願いします！　僕は、山田武史と言います」

「山田さん、それでは、この地図については追々出てきますので、こんな地図があったかな程度に記憶しておいてください。まずは〝成長とは何か？〟の話をいたしましょう」

カップを拭いていた手を止めて、マスターはまっすぐ僕の目を見つめた。

「山田さん、山田さんにとって、そもそも成長って何ですか？」

「僕にとっての成長ですか？　う～ん……」

何かすごい話が聞けると期待していたら、いきなり質問をされて少し面喰いつつも、自分にとっての成長って何なのだろう？　と考えをめぐらしてみる。

あらためて聞かれると即答は難しいな。成長かぁ……。

あなたにとって「成長」とは何ですか？

そもそも成長とは？

少し考えて、僕はマスターに自分の思ったことを伝えた。

「自分ができなかったことができるようになること。単純に、これが成長かな、と思います。できることが増えていくことで、結果に繋がっていきますから。それと、少しかっこつけると、自由を手に入れることかな。十分な収入やスキルを手に入れれば、仕事や場所や時間から自由になれますし」

僕の答えにマスターもうなずく。

「どれも大事な要素ですね。人それぞれに成長の定義はありますし、一言で成長といっても、自分の成長と部下や仲間の成長、組織の成長やお客様の成長などもあります。ここでは、まず〝自己成長〟に絞って話を進めていきましょう」

「確かに、部下もそれぞれが自分で成長してくれたら、言うことはありません」

「そうでしょうね。ただ、自己成長にもそれぞれのスピードがあると思うんです。

みんなが、短期間で劇的に成長してくれたらいいと思いませんか？」

「そりゃあ、もちろんです！」

最初は変な店に入っちゃったかなぁと思っていたが、自分の悩みに耳を傾け、整理しようとしてくれているマスターの話に僕はどんどん引き込まれていた。

「〝劇的自己成長〟を果たすには、成長の本質や原理原則を知って体得することが必要です。その本質を表現したのが先ほどの地図なんです」

「3つの要素でしたよね。詳しく教えてもらえませんか？」

「はい。まずは成長とは何か？　その本質を理解する必要があります。ここにちょうどよいケーススタディがありますので、挑戦してみてください」

マスターは棚の上から1枚の紙を引っ張り出し、カウンターテーブルに置いた。

高い山を登るのに必要なこと

「なになに……、これから1カ月後に、非常に高い山に登ろうとしている5つのチームがあります。どのチームが最も登頂に成功できると思いますか？　1チームを選定し、その理由を記入してください」

A　体力、スキルに自信があるため、1カ月の間、登るためのトレーニングをあまりしてこなかった。

B　活動的なメンバーで、トレーニングもそれなりにしてきたが、根本的なスキルと体力が不足している。

C　やる気が非常にあり、負けず嫌いなため、登り切る思いは強いが、自分勝手な人ばかりで一体感がない。

D　モチベーションは高いが、面倒くさがり屋なのでトレーニングをあま

図3　5つの登山チーム

登頂できるのはどのチーム?

これから1カ月後に、非常に高い山に登ろうとしている5つのチームがあります。どのチームが最も登頂に成功できると思いますか? 1チームを選定し、その理由を記入してください 。

A	体力、スキルに自信があるため、1カ月の間、登るためのトレーニングをあまりしてこなかった。
B	活動的なメンバーで、トレーニングもそれなりにしてきたが、根本的なスキルと体力が不足している。
C	やる気が非常にあり、負けず嫌いなため、登り切る思いは強いが、自分勝手な人ばかりで一体感がない。
D	モチベーションは高いが、面倒くさがり屋なのでトレーニングをあまりしていない。そのため、体力があまりない。
E	個人個人の体力とスキルは高いが、仲が悪いため、一緒にトレーニングをしてこなかった。

りしていない。そのため、体力があまりない。

E

個人個人の体力とスキルは高いが、仲が悪いため、一緒にトレーニングをしてこなかった。

僕が紙に書かれた内容を読みあげるのを待って、マスターが話し始める。

「見ての通り、高い山に登る1カ月前の、各チームの状況が書かれています。非常に高い山なのでおそらく、エベレストやK2でしょうか。それくらいの高い山に登ることに対して、A〜Eのどのチームが最も登頂に成功できると思いますか？」

「これがマスターのおっしゃる〝成長の本質〟と関係あるんですか？」

「はい、登山でも仕事でも目標を達成する点で共通しています。成長の原理原則がこの事例から読み取れますので、真剣に考えてみてくださいね」

そう言い残してマスターは洗い物の残りを片付けに向かった。さて、どうしたものだろうか。どのチームも一長一短で、どこか1つが全ての条件を満たしているわけでもない。まるでうちの部署みたいだなと思う。登山には体力やスキルがどのチームが最も登頂に成功できると思いますか？
その理由も考えてみましょう。

チーム名：

理由：

必要だろうけど、仲が悪かったり、自分勝手な人ばかりのチームだと目標達成できなそうだし……。う〜ん、意外と難しいぞ。

「いかがですか？」

ケーススタディと悪戦苦闘すること15分。頭を抱えていたところに洗い物を終えたマスターが声をかけてくれた。

僕は、「えぇ」と答え、自分の考えを話した。

「どれも拮抗しているようにみえますけど、僕はEですかね。体力とかスキルはありますから。そんなに高い山に登るときに、仲が悪いとか言っていられないと思うんです。目標があれば達成できる。だからスキルを重視しました」

「目標があれば、チームワークも何とかなる、と。なるほど」

マスターはうなずいている。ちょうどいいタイミングだと思い、疑問に感じていたことを尋ねてみた。

チームワークか能力か

「ところで、これが仕事の成果とどう関係してくるんですか？　仕事の数字を上げることと山に登ることとは、やっぱり違うように感じるのですが」

「まぁ、そう焦らないでください。表面的に見えている事柄が違っても、本質は同じなんです。山登りも仕事の成果も、目標を達成するために必要な要素は一緒だと思いませんか？」

「必要な要素が一緒、ですか？」

なんとなく戸惑う僕を見ながら、マスターはさらに続ける。

「ちなみに、山田さんの会社のチームは、このケーススタディのどのチームに当てはまりそうですか？」

質問されてギクッとした。なるほど、うちのメンバーはEチームに近く、誰もが個人主義でチームワークが弱い。

あなたが所属しているチームはA～Eの中で
どのチームに当てはまりそうですか？

チーム名：

理由：

「先ほど、山田さんはEチームを選ばれましたよね？」

「はい、ちなみに自分の部署もEチームみたいにスキル重視で採用をしています」

正解はどのチームだったんだろう？　僕のはやる気持ちを見透かしたようにマスターが答える。

「実はこれ、特に正解はないんです。どのチームにも一長一短がありますから。体力・スキル、行動・ふるまい、メンバーの意識・モチベーションなど、どの点を重要視するかという、山田さんの価値観が回答に現れているだけなんです」

「あぁ、なるほど！　そう言われて気づきましたが、うちのメンバーは客先の情報や営業ノウハウは共有せず、それぞれが自分の成績だけを意識して動いているんです。僕がスキルを重視してメンバーを選んだから、やる気とか一体感とかが欠けているんですね」

痛いところを突かれたと感じながらも、どことなく爽快な気分がした。

「ちなみに、さっきの各チームが持っている要素を比較してみると、こんな表になります」

マスターは、再びテーブルに1枚の紙を出した。

氷山の一角

「こうして表で整理されると分かりやすいですね！」

マスターの講義が楽しくなってきた僕は、身を乗り出して比較表を眺めた。

「ええ、各チームをスキル・ふるまい・意識の3項目で分けて、それぞれの状態を○△×で評価しています」

「まさにEチームは、スキルは○だけど、練習をしてないからふるまいが×なんですね」

しばらく各チームの状態と比較表を見比べて考えていた。仕事においては、スキルと意識のどちらが大事なんだろうか？

「さっきの問題、難しかったでしょう？　なぜ難しかったかというと、それぞれのチームで、できること、できないことがバラバラな状態にしてあったからなんです。逆に全部が○のチームがあったら簡単ですが、現実では何かが足りないっ

図4　チーム比較表

各チームの要素を分解すると

	A	B	C	D	E
スキル	○	×	△	×	○
ふるまい	△	○	×	△	×
意識	×	△	○	○	△

てことが多くないですか？」

「確かにそうですね。うちのメンバーに意識やふるまいが足りないことは理解できます。ただ、仕事で成果を出すためにはスキルも絶対に必要だと思うんです。マスターは、スキルと意識のどちらがより重要だと思いますか？」

さっきから気になっていたことをマスターにぶつけた。

「いい質問ですね。それを理解するためにはアイスバーグの説明をする必要があります。山田さん、これが何かご存知ですか？」

次は氷山のイラストが出てきた。話の流れに沿って、まるで紙芝居のように次から次へといろんな図やイラストが目の前に現れる。このマスターって、一体何者なんだろうか。

「氷山だっていうことぐらいしか分かりませんが」

「氷山の一角という言葉は聞いたことがあると思いますが、ご存知のように目に見えている氷山の下には、それよりも大きな氷の塊が存在しています」

「ええ、氷山の一角は聞いたことはあります。ひょっとして、氷山の目に見えている部分が仕事の結果っていうことですか？」

図5　氷山

「お、センスがいいですね。氷山の目に見える部分が仕事の結果や成果だとすると、その成果を生み出している水面下には何があると思いますか？」

マスターがさらに1枚の図をカウンターに置いていった。

「この図を私はアイスバーグ（氷山）モデルと呼んでいます」

「う～ん、水面下ですか……」

考えあぐねている僕に、マスターが優しくフォローを入れてくれる。

「そうです。私たちの目に見えている部分はほんのちょっとだけで、本質はその裏に隠されています。ということは、結果を出している人は、その裏に成果を出すための努力の積み重ねがあるということですね」

「なんとなくイメージはできますね。ちなみに、このアイスバーグモデルの成果の下は一体どうなっているんですか？」

「はいこの図のように3つの層になっています。何だと思いますか？」

「順番は分かりませんがスキルは絶対必要ですよね？」

図6　アイスバーグ（氷山）

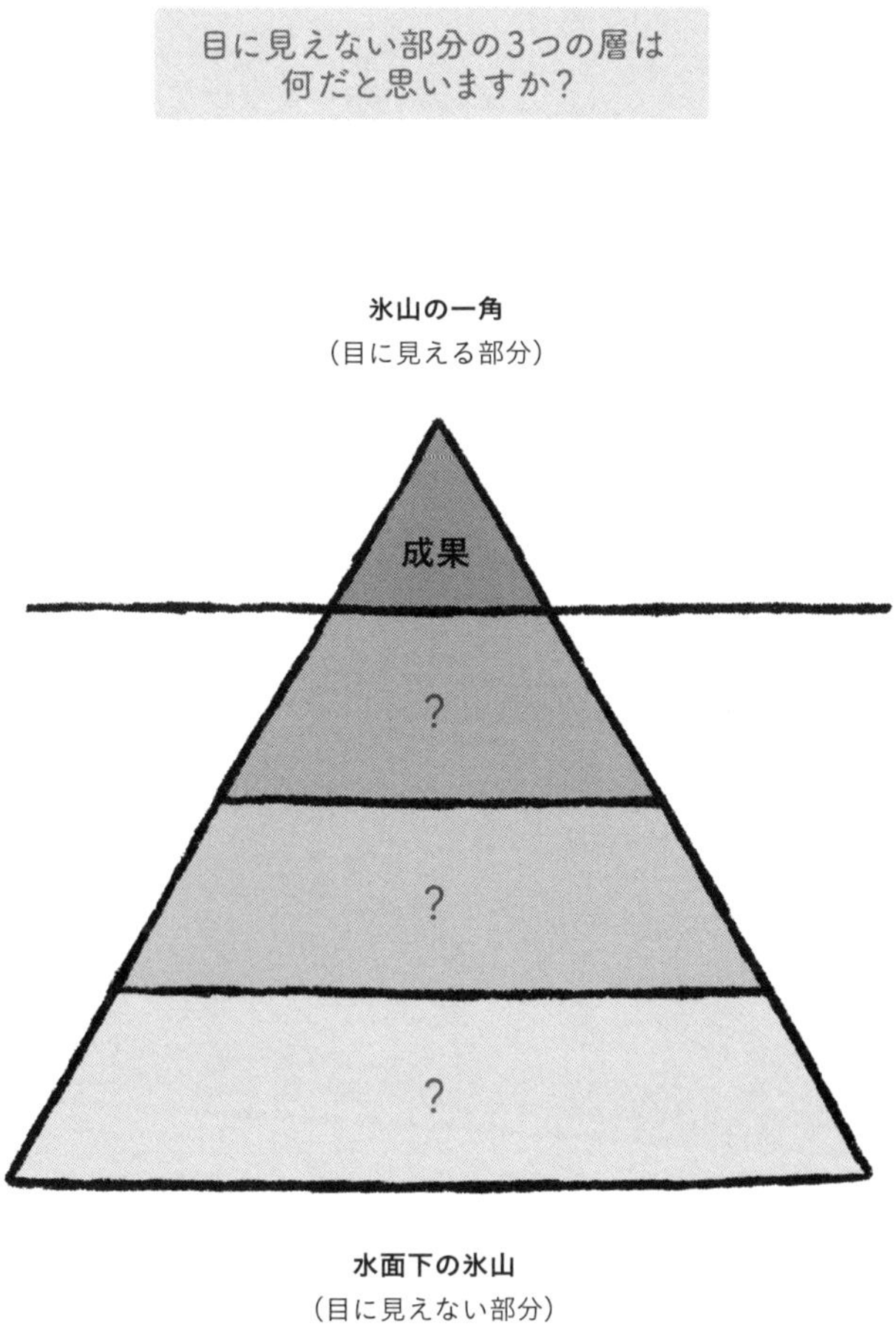

目に見えない部分の3つの層は
何だと思いますか？
氷山の一角
（目に見える部分）
成果
?
?
?
水面下の氷山
（目に見えない部分）

成果を生み出す要因とは

成果を出すために何が必要なのか？　あらためて考えてみると、意識とか、やる気とか、先ほど聞いたことが頭に浮かんでくる。以前だったらスキルぐらいしか出てこなかったろう。

「先ほどの表にもちょっとヒントが書いてありましたね(笑)。こんな感じになります」

マスターはさらに3つの層に項目が当てはめられた図を取り出した。

「あっ、まさにさっきの比較表の項目ですね。登山だと体力・スキルだったのが、仕事だと能力・スキルかぁ。確かに、登山も仕事も同じだとおっしゃっていたのが理解できました」

マスターが伝えようとしてくれていることが、次第に飲み込めてきた感じがする。

図7　アイスバーグ（氷山）モデル

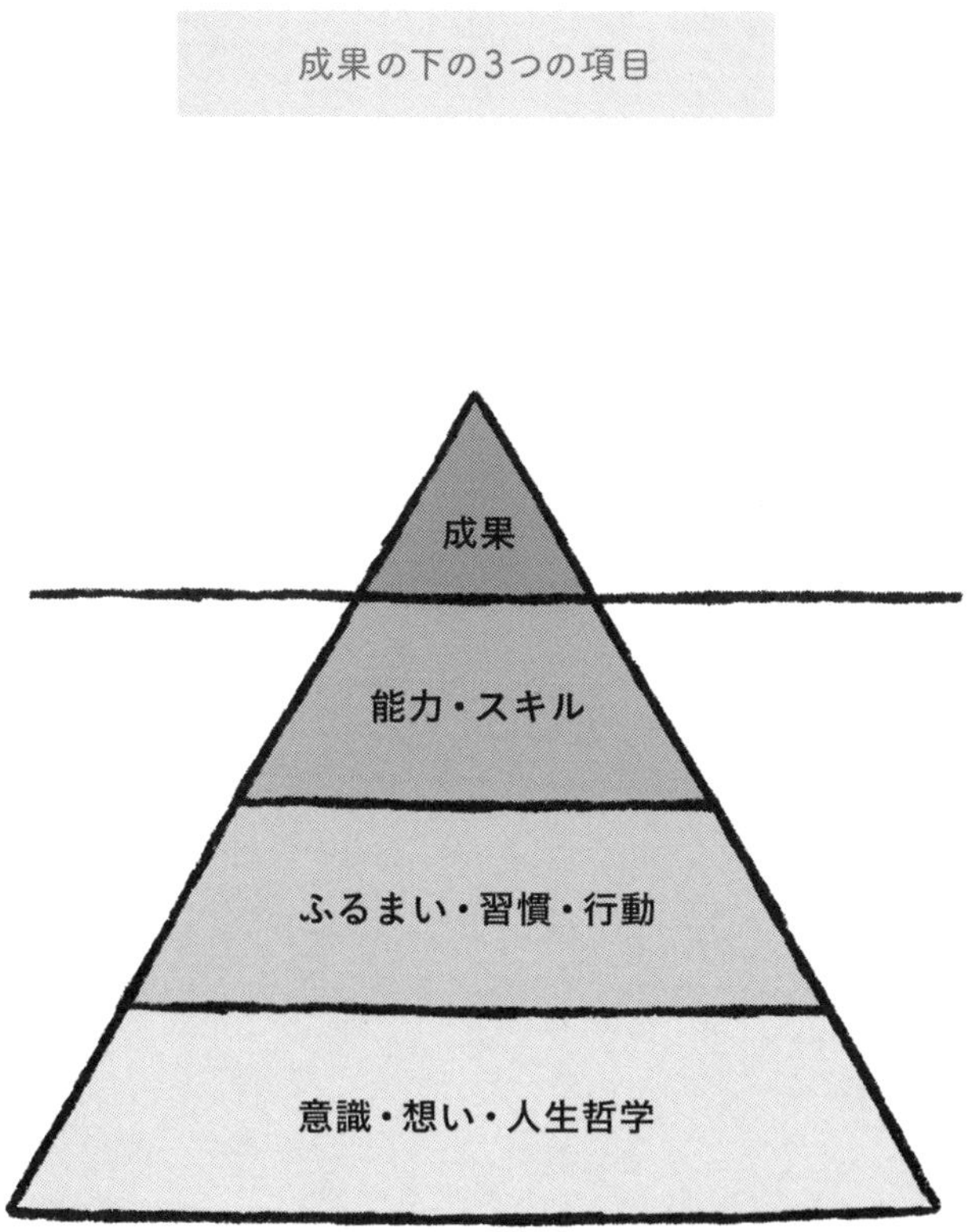

「今の世の中って簡単に結果が欲しくて、能力・スキル全盛時代だから、本屋に行っても『たった1日で〇〇が変わる方法』みたいな本がたくさん置いてあるじゃないですか。あれって、まさにやり方とかスキルの部分ですよね。こうすれば簡単に結果が出ますよ、という」

確かに、マスターの言う通りだ。そういう本は多いし、僕もよく立ち読みしたりするが、読んで実際に結果が出た試しがない。一体何が足りないのだろう。

「スキル系の本は、すぐに結果が出そうに見えるので、よく売れていますよね。『5分で彼女を落とす方法』とか。でも、落としてどうするのって感じませんか？そのあとのことを考えたら、愛情や想いがないと意味がないと私は思うのですが」

「あぁ、だから意識・想い・人生哲学が一番下に位置しているんですね」

「ビジネスでも同じで、想いがあって行動し続ければ、能力が身につき、結果が出ます。結果が欲しいがゆえに簡単なスキルだけを身につけようとしたところで、ふるまいや意識が弱い状態では望む成果は得られないんです」

「言われてみると、本当にそうですすねぇ。営業だと、ちゃんと相手の話を聞いているのか、ただ聞くフリをしているのかは一目で分かりますし、その人のふるままいや姿勢、態度はやり方だけ真似して身につくものじゃないですから」

アイスバーグの大きさとバランス

見せられる図はシンプルだけど、マスターの語る内容は奥深く、説得力がある。このモデルに当てはめてイメージしてみると、成果を出すために何が必要なのかという成長の本質が分かりやすくなってきた。

例えば、「禁煙しよう」という意識があっても習慣を変えなければ結果が出ないように、部下の数字を上げようという想いがあるなら、次は「どんな行動や習慣を身につけさせるのか？」を考えればいいのだ。なるほどなぁ、と感心していたらマスターがまた次の図が描かれた紙を見せてくれた。

「このアイスバーグモデルには大きさという概念があるんです。例えば草野球選手とプロ野球選手や大リーグ選手の間には、どんな違いがあると思いますか？」

「そうですね。草野球の選手は野球を楽しみたいでしょうし、月1回ぐらい集まって、ちょっとだけ練習する感じなので、スキルもそこまでは伸びないでしょう」

「ではプロ野球選手や大リーガーは？」

「いやぁ、それは野球に対する想いや信念は半端ではないですよね。真剣さや情熱がなければすぐに2軍に落ちるだろうし、選手を続けることも難しくなります。僕は野球経験はあまりありませんが、日々のトレーニングや健康管理など、草野球の選手とは比較にならないレベルであることは想像できます」

日本から大リーグに挑戦している選手の信念や過酷なトレーニングをテレビで見たことを思い出しながらそう答えた。

「日々のルーティンや練習、ふるまいも素晴らしい。もちろん持って生まれた能力もあるでしょうが、才能があっても、この想いや人生哲学、ふるまいや習慣を深めていなかったらどうでしょうか」

「全然違う結果になるでしょうね。プロの選手ですら、いますもんね。才能に溺れちゃったり、トレーニングをサボっちゃったりする人」

「ええ、そう考えると、成長とはアイスバーグを大きくすることと言うことがで

図8　アイスバーグの大きさ

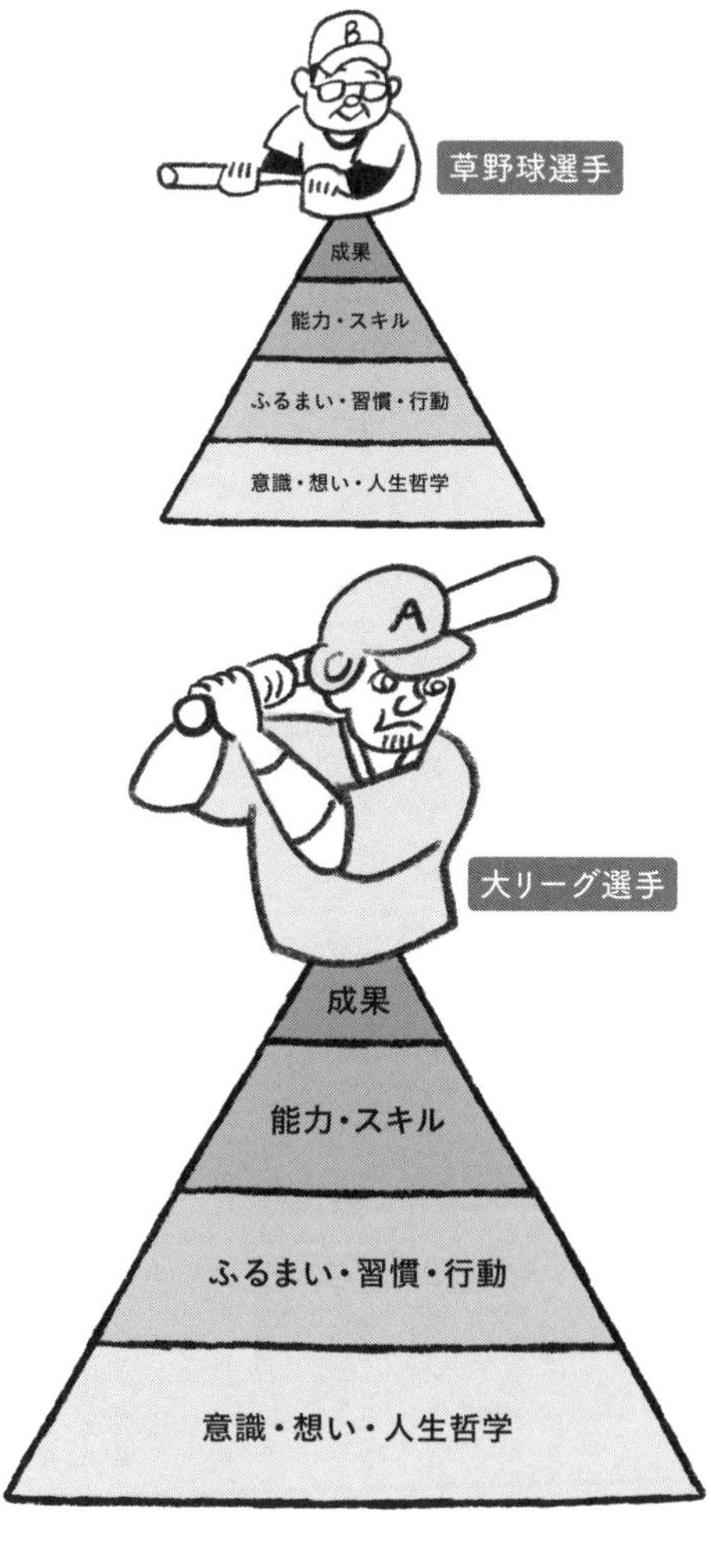

きます。意識、ふるまい、能力をそれぞれ大きくすることを通じて、アイスバーグ全体が大きくなっていく。草野球の選手からメジャーリーガーに至るまで、バランスよくそれぞれの要素を大きくさせていくことが成長につながります」

「アイスバーグを大きくすることだけでなく、3つの層のバランスも大事なんですね。なんだか成長の本質に一歩近づけた気がします。ちなみにバランスが悪いというのは、どんなイメージですか？」

「バランスの悪いアイスバーグとは、一部はできているけど、ある部分が大きく欠けていて全体がいびつな状態です。そうですね、例えばお客様に笑顔で挨拶をするとします。この挨拶がマニュアル通りにできていても、そこに本当のおもてなしや感謝の気持ちがない、ただのつくり笑顔でする人のアイスバーグの形でしょうか」

「耳が痛いですね（苦笑）」

自分にも思い当たるところがあるからマスターの言葉が刺さる。

「人間って No one is perfect（誰しも完璧ではない）ですからね。このアイスバーグモデルの視点でいろいろな人を見てみると、スキル偏重の人もいれば、気合

図9　アイスバーグの形とバランス

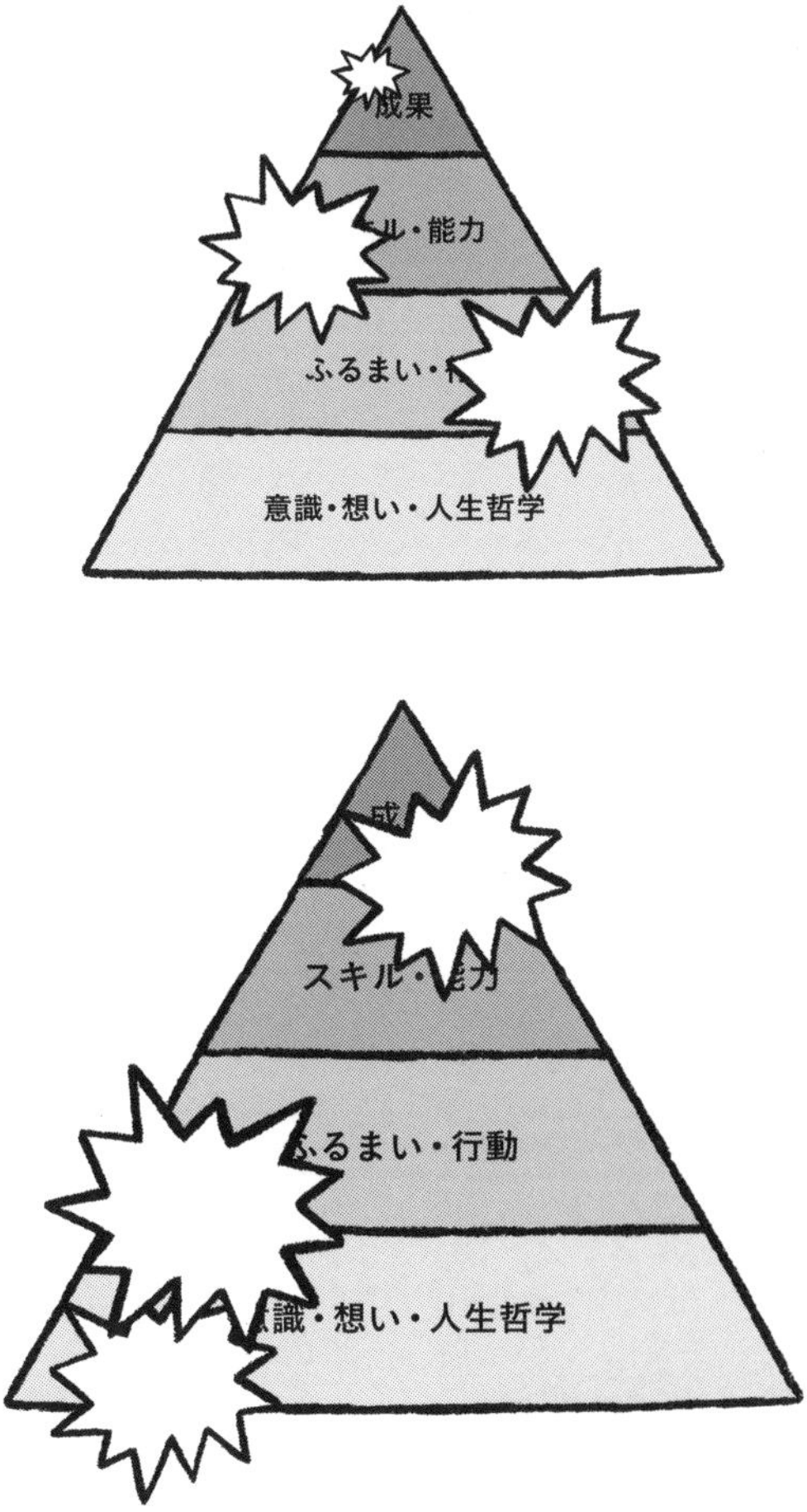

根性系の人もいます。アイスバーグを大きく成長させるためには、アイスバーグの3つの層のバランスが大変重要だと思います」

「いやぁ、本当にためになるお話をありがとうございます。ちょっと休憩するつもりで立ち寄っただけだったのに、丁寧にメンタリングしていただいて。なんて言ったらいいのか分かりません」

「私の趣味のようなものなので気になさらないでください。お客様によくこの話をしているんですけど、この前いらっしゃった主婦の方は、早速小学生の息子さんにこの図を書いて伝えたそうです。『子供のうちから知っておいたほうが良い』って。当たり前だなぁと思っていることでも、意外にその原理原則を知らないし使えていないんですよね。だから人生に向き合っている方に、よりしっかりと変化のサポートができる道具みたいなものがあったらいいなと」

「自分と向き合える道具ですか。それが地図やこれらの絵なのですね？」

いやはや、カフェで一服のつもりが、かなりレベルの高い研修に参加しているみたいになってきたぞ。それに、なんだか遠い国まで旅に出ているような気分だ。一息ついて冷めたコーヒーに口をつけてから、お手洗いに行った。このあと、客

図10　アイスバーグを構成する要素

3つの階層に入る単語を
具体的に記入してみましょう。

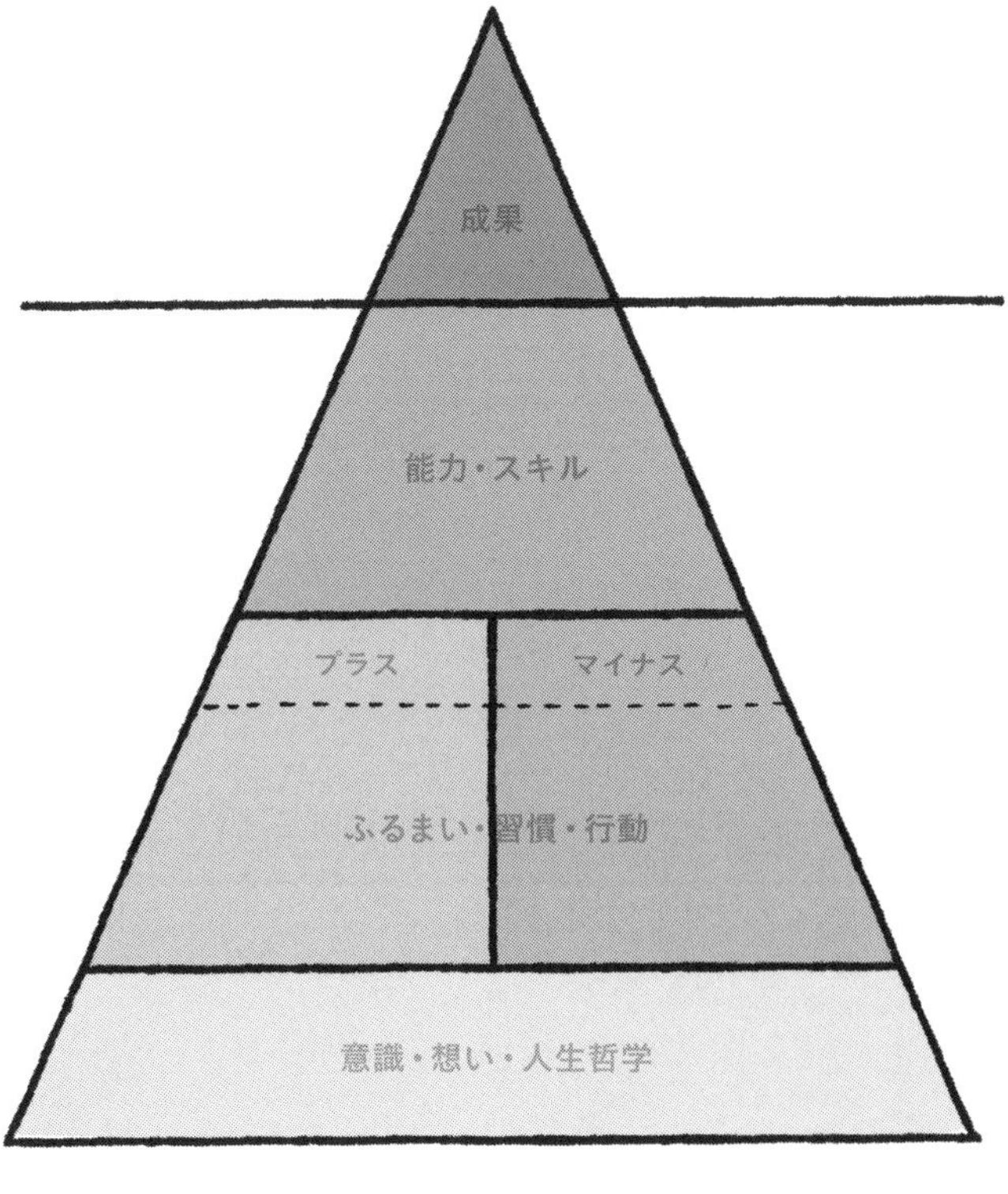

先との商談があるが、もうしばらくはここにいられそうだ。できればこのまま徹底的にマスターと話がしたいくらいだ。

席に戻ると、マスターがまた1枚の紙を差し出してきた。今度は記入スペースがある。

「まだ少し時間があったら、これに記入してみてください。空欄に思いつく単語をどんどん記入していってもらいたいんです。いろいろな言葉が入ると思うので、部下の数字を上げるために必要だと思う能力や行動を書いてみてくださいね。例えば想いのところには〝挑戦心〟とか。マイナスのふるまいだと〝威圧的〟とかです。自分の価値観や部下のことを想像しながら書いてみてください」

次の時間が気になりつつも、店を出る前にマスターに見てもらいたいと思ったので、その場でいくつか記入した。

「書けました！」

「書いてみていかがでしたか？」

「ふるまいについてはドキッとしました。疲れていたりして、知らず知らずに部下に対して、横柄な態度や、威圧的な言葉を使ってしまうときがあるなと反省し

図11　アイスバーグ記入事例

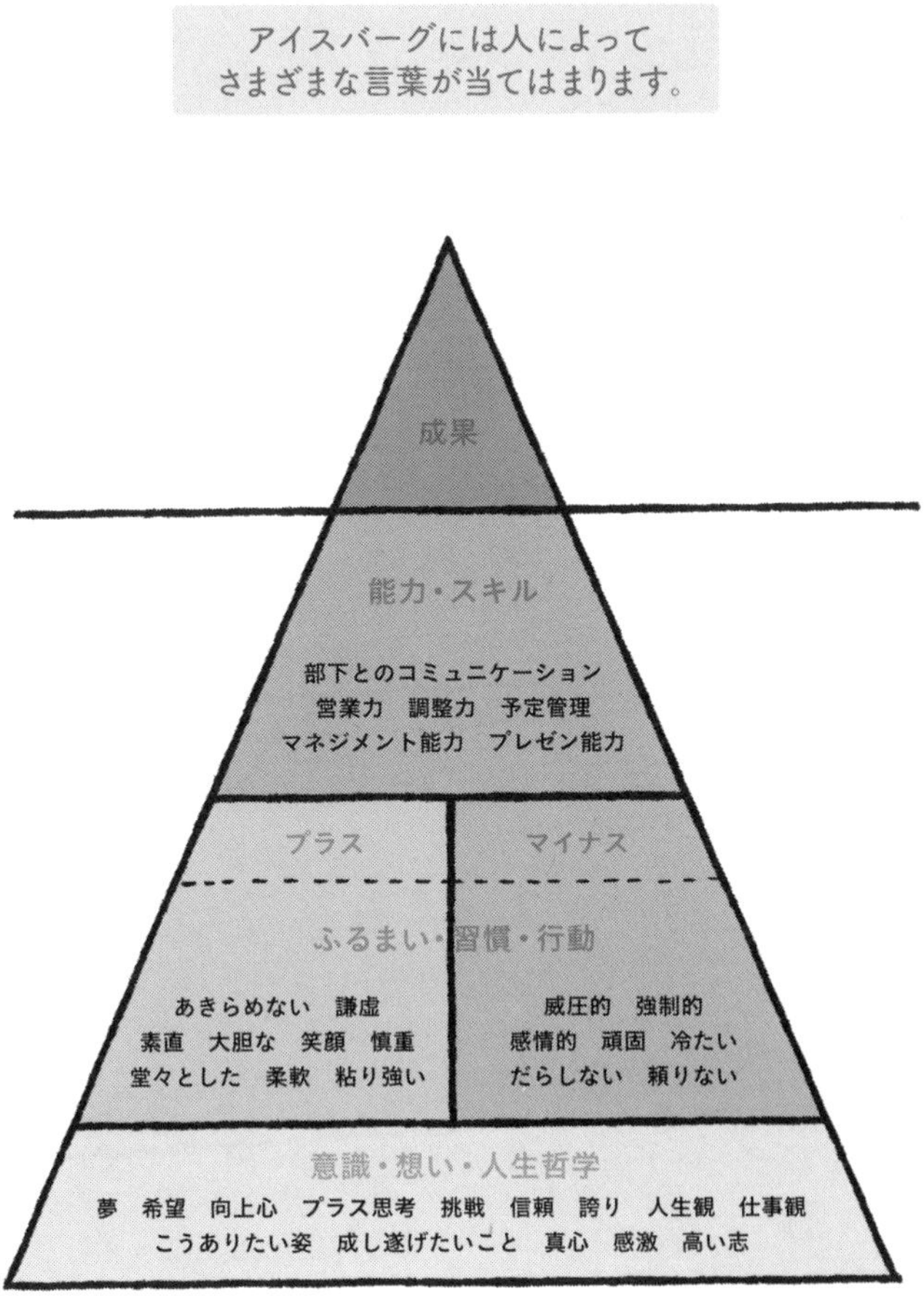

ました。それに良いと思ってもなかなか習慣化することができていないことも結構あるなと」

「そうですね、感情や惰性、無意識によって、ふるまい・習慣・行動が粗くなって、結果的にチームや仲間に悪影響を及ぼすことってありますよね」

「想いや人生哲学の部分では、僕は〝情熱〟と書きました。自分の原体験があってその情熱のもと仕事をしていますから。そしてプラスのふるまいは〝あきらめない〟こと。マイナスのふるまいは逆に〝威圧的〟になってしまうところですね。能力やスキルについては〝部下とのコミュニケーション〟というふうにしました」

「素晴らしいですね。原体験からはプラスのふるまいも、マイナスのふるまいも出てきますね。原体験には、いい体験や逆に保守的になってしまう体験もあるからです。それが成長を阻害する要因になることもあるのですが、その話はまた今度いらしたときにしましょうか」

なるほど、今まで成長って、スキルを上げるものだとばかり考えていたのかもしれないし、アイスバーグみたいなものを大きくするっていう概念も全く持っていなかったな……。それに、こんなふうに成長を考えたら、少し気持ちが楽になってきたような気もする。

「はい、ありがとうございます！　また必ず来ますので、今日はお勘定をお願いします」

未来をイメージする

1杯のコーヒー代でここまで話を聞かせてもらったことに感謝しながらお釣りを受け取ると、レシートと一緒に1枚の紙を渡された。

「これ、山田さんへのプレゼント、つまり宿題です（笑）。時間があるときに、この用紙に、ご自分の1年後・3年後・5年後・10年後のアイスバーグの大きさを描いてみてください。どのくらい大きくしていきたいかのイメージで結構ですので。また、アイスバーグの他にも、そのときのイベントや目標、例えば部長になるぞとか、年収1000万とか、家を建てるとか書いていただくと、よりイメージしやすいと思います。ご自由に自分の未来を想像して描いてみてくださいね」

「なるほど、単に成長したい、アイスバーグを大きくしたいと思うだけでなく、スケジュールや大きさをイメージするほうが、より具体的な計画に落としやすいかもしれませんね。やってみます！」

「あと、それとこれもどうぞ」

マスターは最初に見せてくれた『成長の地図』も手渡してくれた。

「あっ、この地図の真ん中の部分はまさにアイスバーグの成長ですね。ということは、成長の本質は〝アイスバーグをバランス良く大きくする〟ということになりますね」

「はい、成長の定義はもちろん人それぞれで、これが正解、不正解というものではありません。ただ、あくまで私の中では、そのように定義しています。考え方を押し付けているわけではありませんので、一つの参考としていただければうれしいです」

「ありがとうございます。今までになかった概念に出会ったのと、今までとは違う脳の領域を使ったので、仕事とは違った心地よい疲れを感じます。ただ、まだ

図12　アイスバーグの成長

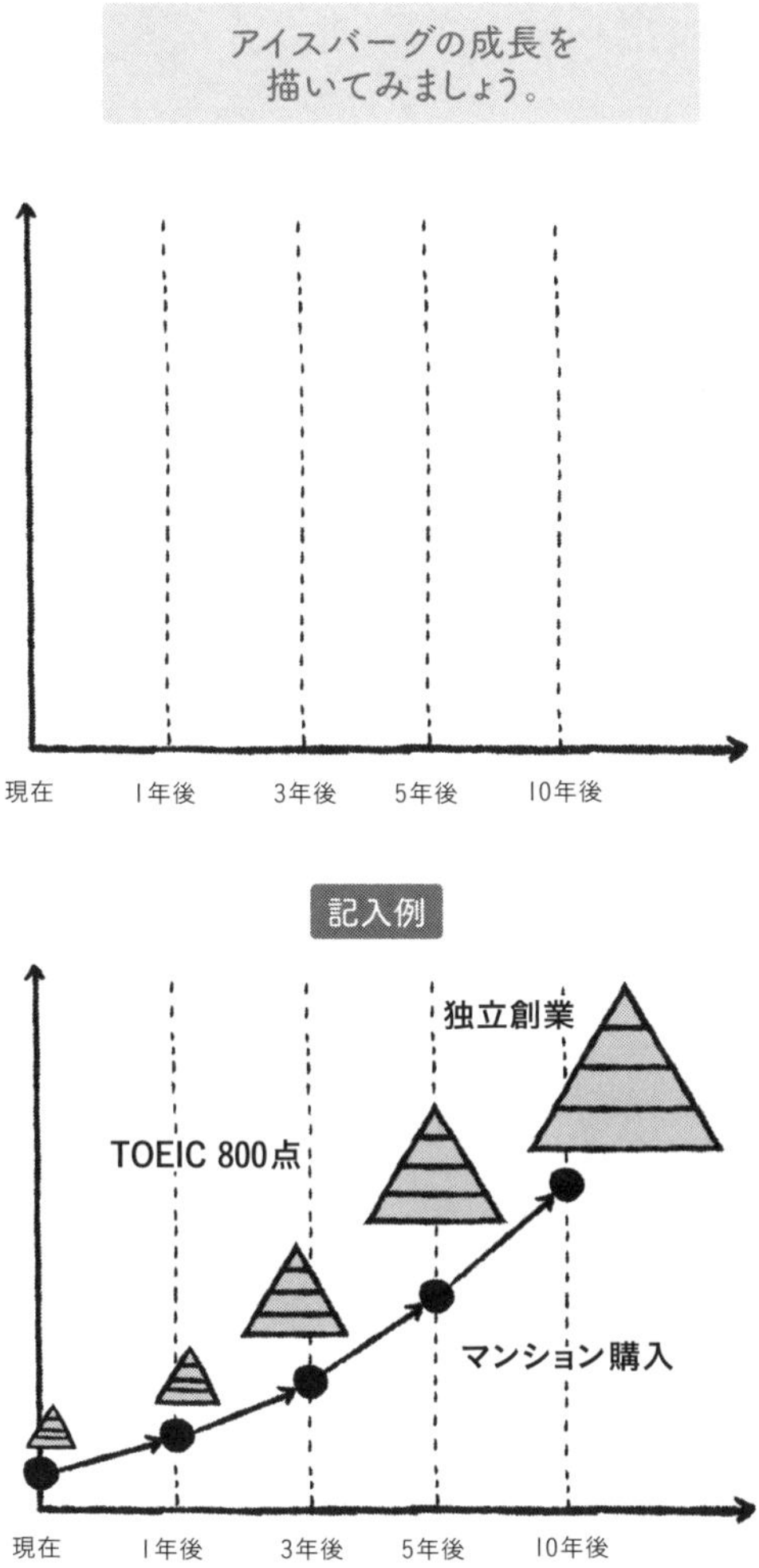

具体的に意識やふるまいをどう大きくしていけばよいかなど、霧が完全には晴れていないモワッとした感じもあります」

僕が、そう伝えると、マスターはにっこりとしながら、

「この話を聞くと、皆さんそうおっしゃいます。今日は〝成長とは何か？〟について、成長の本質、原理原則を考えていただけたかと思いますので、ご自分で考えるきっかけにしてください」

と、ここまでの内容をまとめるように言った。

「すごい授業を受けたような、不思議な感覚です。また自分でじっくり考えてみますね。今日は本当にありがとうございました」

「はい、行ってらっしゃい」

笑顔のマスターに見送られて店の外に出ると、日はまだ高いが暑さは少し落ち着いてきたようだ。一瞬、涼やかな風に頬を撫でられ、不思議の国から現実世界に帰ってきたように感じた。

マスターと話したおかげで、〝成長とは何か？〟についてはおぼろげながら分かってきた気がする。次は成長するために必要なことか……。今日の気づきをもと

に、自分や部下が成長するために必要なことをアイスバーグモデルで整理して、いろいろ実践してみたくなった。実行してみたら、またカフェに行ってマスターの話を聞こう。絶対に近いうちに行くぞ。カフェに入る前よりなぜかワクワクしながら歩き始める。

それにしても不思議なお店だったなぁ。ゆっくりと歩きながらしみじみと思う。客先の少し手前で足を止め、マスターからもらった地図をカバンから取り出した。もう一度よく見てみると、×がついている矢印が2つと、ついてない矢印が2つある。これは何だろう？　真ん中にある図がアイスバーグの成長ということは、今日の話で少し理解できた。しかし、この地図がどう、これからの自分の成長を助けてくれるというのだろう。まだまだ分からない点もあるが、新しい世界への扉を少しだけ開けたような感覚だ。期待に胸を膨らませながら、僕は足を一歩前に踏み出した。

図13　第1章ふりかえり

第1章に出てきた図やイラストをもう一度見て、
気づきや学びをふりかえってみましょう。

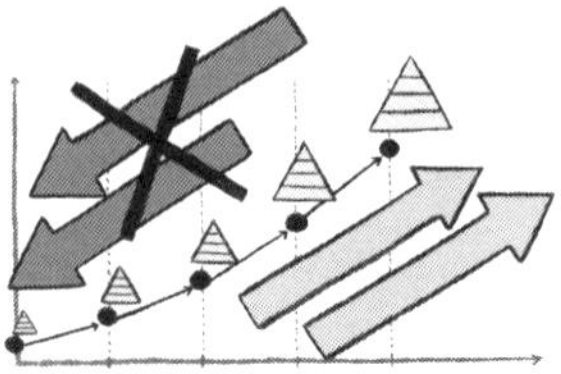

登頂できるのはどのチーム？

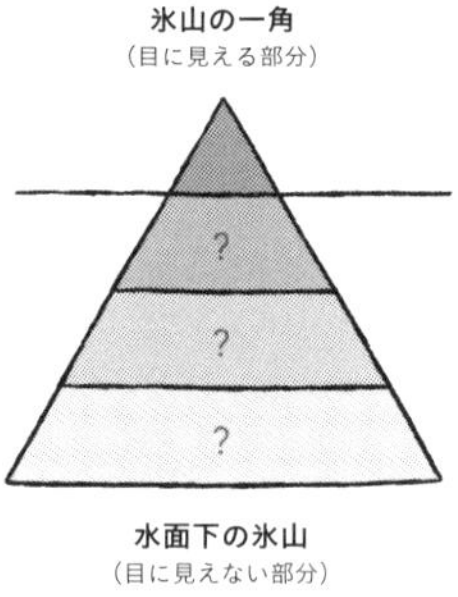

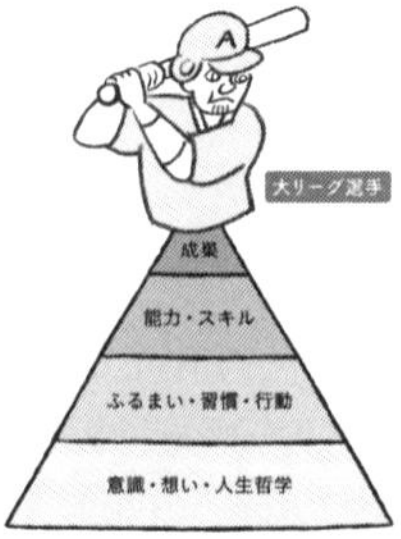

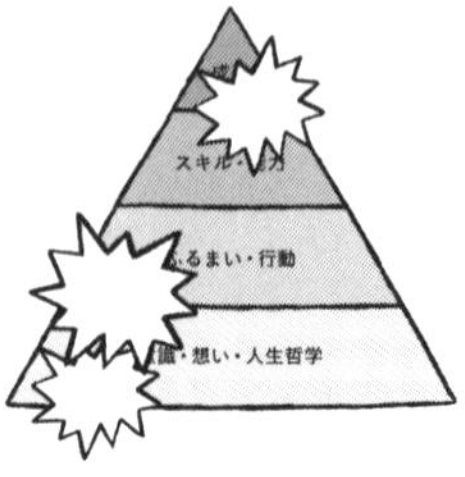

第2章

成長を阻害する
1つ目のブレーキ

悩みの本質を探る

「山田さん、いらっしゃいませ」

「マスター、お言葉に甘えてまた来ちゃいました」

まだ一度しか来ていないのに、マスターは僕の名前を覚えていてくれて、優しく迎えてくれた。前回は偶然だったけれど、今回は、マスターから渡された地図の続きが気になって、わざわざ時間をつくってきたのだった。客先のアポイントを意図的に遅めの時間に設定させてもらい、たっぷりマスターの話を聞ける時間を確保した。

「あれからいかがですか？」

「いやぁ、アイスバーグの話、とても勉強になりましたが、それでも、日々の仕事に戻ると忘れがちになりますね。多少意識はしても、行動ができているか自信がないですし、習慣化も難しいですね」

「そうですね。あの話を聞くと『なるほど！　気づきがあった！』と一瞬盛り上がるのですが、日常生活に戻ると、ほとんど今までの行動やふるまいに戻ってしまうのが人間ですからね。良い気づきでも、そのマインドをキープするのは大変ですよね」

「本当におっしゃる通りです。しかし、あらためて周りを見ると、アイスバーグモデルって誰にでも当てはまるんだと思いました。どうしても成長とか変化というと強要されるイメージがありましたけど、なんかいい感じです」

「成長をプレッシャーに感じてしまう人もいますからね。成長と言われると自分の本質を捨てて別のことをやらないといけないのかと感じるのかもしれませんが、自分を活かし、主体的に本質的な成長をすることが人生をより豊かにしてくれると私は思っているんですよ。まぁ、どうぞおかけください」

マスターは、にこやかに話しながら、僕に着席を促した。夢中になってしまい、つい立ったままで話をしていたのだ。カウンター席に座り、すぐにアイスコーヒーを頼んだ。先日と同じ時間に来たのだが、どうやらこの時間は空いている時間帯らしい。これならマスターとゆっくり話ができると思うと、自然と口元が緩んでくる。アイスコーヒーを僕の前に差し出しながら、マスターがゆっくりと口を開いた。

「それで、今日はどうされたんですか？」

「先日の話の続きが気になって。それともう1つ、具体的なアドバイスもいただきたくて来たんです」

「何かお悩みに直面しているんですね？」

「はい、実は、育成に悩んでいた部下が、会社を辞めたいと思っているらしいんです。ただ、これは彼から直接ではなく、別の者から聞いた話なんですが、うちの会社は月1回、個別面談を組んでいまして、部下からは『次回の面談で伝えたい話がありますので、よろしくお願いします』と言われていました。気になってはいたものの、こんな話だったとは……と頭を抱えてしまったんですよ。彼との面談で何を話せばいいのか自信がなくって」

「そうだったんですね。ちなみに部下の方は、どんな理由で辞めようと考えていらっしゃるのですか？」

「なんでも、給与が上がらないとか、他の会社のほうが自分を高く評価してくれるとか、いろいろと言っているみたいです。そんな彼にどうアドバイスしたら良いのでしょうか？」

「なるほど」

マスターはうなずき、笑みを浮かべながら、また紙を1枚取り出した。

「まずは、これを読んでみてもらえますか？」

悩み多き音楽サークル

お、またなんか出てきたぞと思いながら、この前とは違って何か期待感がある。

今度は音楽サークルの話だ。

「えっと、大学で仲間5人が集まり、音楽サークルを結成しました。リーダーはAさん（あなた）が立候補し、メンバーで協議の上、Aさんに決定しました。1年後にある音楽大会で優勝するために、日々練習しています。ただし、各メンバーがそれぞれ悩みを抱えていて、思うように成果が出ていません。彼らの悩みを分類し、アドバイスを考えてください」

A　情熱的で、1年後の音楽大会で絶対に優勝したいと思っている。各自の悩みについてどうしたら解決できるかを悩んでいる。

B　最初は頑張っていたが、他メンバーと比べてあまり上達せず、自分は向いていないのでは？　と考え、他サークルに行こうか迷っている。

C　音楽が好きで、気楽に楽しめたらいいと参加したが、優勝にこだわりが強い感じや、練習の多さにあまり馴染めない。

D　楽器のスキルが高く、練習方法の変更など強く意見を言うが、上手く伝わらない。他のメンバーが何とかならないかと不満も多い。

E　体が弱い。アルバイトが忙しい。彼女から「もっと自分との時間を取ってほしい」と言われていてサークル活動に集中できない。

図14　悩み多き音楽サークル

大学で仲間5人が集まり、音楽サークルを結成しました。リーダーはAさん（あなた）が立候補し、メンバーで協議の上、Aさんに決定しました。1年後にある音楽大会で優勝するために、日々練習しています。ただし、各メンバーがそれぞれ悩みを抱えていて、思うように成果が出ていません。彼らの悩みを分類し、アドバイスを考えてください。

A	情熱的で、1年後の音楽大会で絶対に優勝したいと思っている。各自の悩みについてどうしたら解決できるかを悩んでいる。
B	最初は頑張っていたが、他メンバーと比べてあまり上達せず、自分は向いていないのでは？と考え、他サークルに行こうか迷っている。
C	音楽が好きで、気楽に楽しめたらいいと参加したが、優勝にこだわりが強い感じや、練習の多さにあまり馴染めない。
D	楽器のスキルが高く、練習方法の変更など強く意見を言うが、上手く伝わらない。他のメンバーが何とかならないかと不満も多い。
E	体が弱い。アルバイトが忙しい。彼女から「もっと自分との時間を取ってほしい」と言われていてサークル活動に集中できない。

マスターがグラスを拭きながら僕に言う。

「『世界がもし100人の村だったら』という本がありましたが、その本のようにあえて小さい規模で考えてみると本質が見えたりしますよね」

「そうですね。しかし悩みの多いサークルですね。ここから彼らの悩みを分類して、アドバイスを考えていくんですね？」

「ええ。まずは彼らの悩みは何かということを考えてみてください。それと、外的ではなくて、内的な要因を考えてみてください」

「外的ではなく、内的？」

「そうです。外的な要因、例えば病気やお金がない、環境が厳しいなどではなく、内的なもの、例えばその人の考え方や意識、感情によって発生している悩みを中心に考えてみてください。外的な環境が同じでも人によって悩みの内容や大小に違いがありますよね。ということは、外的要因ではなく、内的要因の中にその悩みの本質が隠れていることが見えてくると思いますので」

「うーん、分かったような、分からないような……」

「まぁ、ものは試しです。まずはやってみましょう」

B〜Eさんの悩みを分類しアドバイスを考えてください。
悩みは何かという本質を考えてみましょう。

しばらくしてからマスターが声をかけてくれた。

「いかがですか？」

「そうですね。2つあると思います。1つ目は、全体的にみんなバラバラで、個人の目標ばかりで共通のビジョンに全く向かっていない。Dくんもバンドは1人でやるものではないことを自覚したほうがいいし、Cくんとは目標のすり合わせをしていく必要があるかと。2つ目は、そもそもコミュニケーション不足なところです。お互いに思いやりがあれば良いんじゃないかなぁと感じますね。例えば、BくんやEくんには励ましが必要そうですよね」

「なるほど。それらは確かに課題ではありますね。以前にこのケーススタディをやっていただいた方々も同じ点を挙げてくださいました。その上で、それらの課題が、本当に彼らの悩みを生み出しているのかをより深く考えてみていただきたいのです」

「と言いますと？」

「例えば、今、山田さんがおっしゃった2つの課題の対策を、このチームで実施したとして、彼らの悩みは本当に消えるのでしょうか？　もしかしたら、一時的にこのチームは良い状況に変わるかもしれませんが、しばらく経つとまた彼らは悩み始めてしまうと思いませんか？」

「確かに、彼らの悩み方を見ていると、僕が言った対策だけでは根本的な解決にはならないような気もしますね。うーん、それより、本質的な課題か……」

しばらく一人で考えてみたが、それ以上アイデアが浮かばなかった僕は、マスターに聞いてみた。

「僕はコミュニケーション不足って結構本質的な課題だと思っているんですけれども、マスターによるとまだ考えが浅いということになるんですよね？　う〜ん、難しいですねぇ」

「それでは少しヒントを出しましょう。こちらの絵を見てください」

マスターが1枚の絵を差し出した。そこには2台の車が描かれ、こんなクイズが書かれている。

「Aさんは時速80キロをだそうとアクセルを踏んで走っています。Bさんも80キロをだそうとアクセルを踏んでいるのですが、なぜかブレーキも踏んで、さらにサイドブレーキまで引いています。どちらが先にゴールに着くでしょうか？」

「これ、トンチじゃないですよね（笑）」

思わず僕はマスターに聞いてしまった。

「ええ」

「そうしたら、どうみても答えはAさんですよね。どうしてこんな当たり前のことを聞かれるんですか？」

「そう思いますよね。この質問をされたら10人中10人全員がAさんが目的地に早く着くことは分かっています。でも世の中には、驚くほどたくさんのBさんがいるんですよ。ほとんどと言っていいほど、皆さんブレーキを踏んでいるのではないでしょうか」

「ええ!?　そうですか？」

そんなにみんなブレーキを踏んでいるかなと思いつつ、僕は話を続けた。

図15　アクセルとブレーキ

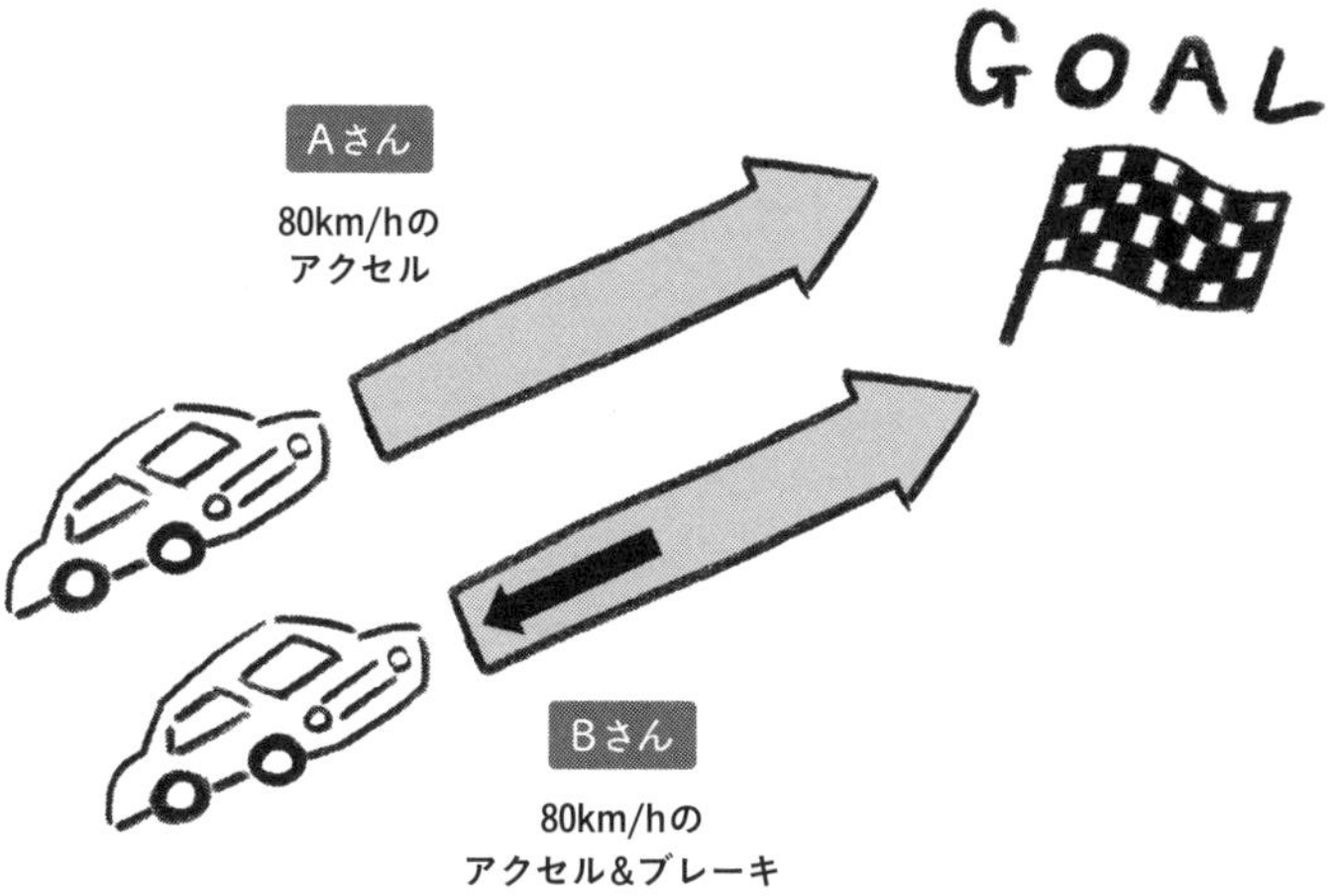

Aさんは時速80キロをだそうとアクセルを踏んで走っています。Bさんも80キロをだそうとアクセルを踏んでいるのですが、なぜかブレーキも踏んで、さらにサイドブレーキまで引いています。どちらが先にゴールに着くでしょうか?

[注]ゴールまで直線の道で、カーブはありません。

「みんな頑張ってアクセルを踏んでいるように見えますけど」

「では、山田さんの周りに、Bさんはいませんか？　ほら、例えば今の仕事に悩んで、転職をしようか考えているとか……」

そう言われて、ハッとした。さっきマスターに話した部下がまさしくそうじゃないか。今の仕事に対してかなり悩んでいて、僕から見ると明らかにブレーキを踏んでいる。そう考えると営業成績が伸び悩んでいるうちのチームのメンバーも、頑張ってくれているけれど、何かしら悩んでブレーキを踏んでいるかもしれない。

「いましたね。僕の部下がそうでした」

「そうなんですよ。全く悩みがなく全力でアクセルだけを踏んでいる人を探すほうが難しいくらい、多くの人が大なり小なりBさんなんですよね。つまり誰しもが悩んでブレーキを踏んでしまっている状態なんです。どうして悩むのか、悩みの本質を理解するためには、先に悩みの減らし方を知るのが効果的なのですよ。ここから『悩みを減らす5つの方法』をお話しさせていただいてもよろしいでしょうか？」

悩みを減らす？　そんな方法があるならば、それはすごく役立つなと思った僕はマスターに先を急かした。

「『悩みを減らす5つの方法』ですね。それはすごい！　ぜひ教えてください！」

方法1 ブレーキの存在を知る

マスターは、分かりましたというふうにうなずいて、口を開いた。

「では、始めましょう。まず1つ目が、今お話ししていた〝ブレーキの存在を知る〟ことなのです。世の中にこの悩みブレーキを踏んでいる人は多いのですが、ほとんどの人があまりブレーキの存在を認識していないんですよ」

「1つ目は、〝ブレーキの存在を知る〟ということですね？」

と、うなずいてはみたものの、どこかピンとこない。

「なんとなく分かるような気がしますが。ちなみに悩みブレーキって、具体的にはどういうものがあるんでしょうか？」

「そうですね、いろいろとありますよ。例えば給料が上がらないとか、正しく評価されていないとか、他の会社のほうが自分には向いているんじゃないかとか。あるいは、今の環境だと身体にも良くない、仕事が忙しすぎてプライベートの時間がとれないとか。1つではなく、いろいろな悩みが複合的に合わさって大きく感じている場合も多いですね」

なるほど。確かに部下もそんなことを考えているかもしれない。マスターは優しい声で話を続ける。

「解決できる、できないとか、どう解決すべきか考える前に、まずは自分には悩みがあり、ブレーキを踏んでいるんだという認識をすること、ブレーキが存在することを知るだけでいいんです。それが最初の第一歩です」

そういえば僕自身も、部下が退職を考えていることに対して、どう対応すればいいんだろうと考えており、最近仕事に力が入っていなかったかもしれない。これもある種のブレーキなんだろうな。何かを察したのか、マスターは、サイフォンの中をコポコポと上がっていくお湯を見ながら小声でささやいた。

「その部下のブレーキをどう外すのかを、上司としては考えていかないといけないですよね」

ああ、耳の痛い話だ。前回もマスターとの会話にはギクッとさせられることがあったが、いろんな気づきがあり、自分や周囲の変化につながっていきそうな気がするので、真剣に向き合ってみようと思った。

「ちなみに、『アクセルだけ踏んで、ブレーキ操作をしなかったら、カーブを曲がりきれず側壁にぶつかっちゃうから、やはりブレーキは必要でしょう』なんて言う人が結構いらっしゃるのですが、そういうことを伝えたいのではありませんからね（笑）。必要なときに踏むとかではなくて、踏む必要がないときにもブレーキを踏んでいるということに対して、なぜ踏んでしまうのかがテーマなので」

「ええ、もちろん、そこは理解しています。あらためて考えたら僕の周囲にもブレーキを踏んでいる人がかなり多いですね」

「本当にそうなんです。ほとんどと言っていいほど、ブレーキを踏みながら仕事や生活をしていますよね。なので、ブレーキの存在をぜひ知ってくださいね」

こうして僕は、仕事や生活に対するブレーキの概念を認識した。これだけでもすごい。自分の仕事や生活に何かしらプラスになりそうな気がしたが、まだモヤモヤが消えたわけではない。カウンターテーブルに肘をつき、ストローで氷をカラカラと回しながら考えていたら、もう少し質問がしたくなってきた。

「マスター、例えば部下に『ブレーキがあるよね』と指摘したところで、『じゃあこれからどうすればいいんですか？』という話になりますよね。そんなときにマスターはどうしているんですか？」

「そうですよね。どうしたらブレーキを踏まないようにできるのか知りたくなりますよね。それは、手法ではなく、〝ブレーキを踏まない覚悟〟です」

「え？　覚悟ですか？　あまり使わない概念なので、どう捉えればいいんでしょうか」

「三叉路理論」でみる心の状態

僕がまたモヤモヤと考えていると、コーヒーを淹れ終わったマスターからまた

図16　悩みを減らす５つの方法①

悩みを減らす5つの方法

1. ブレーキの存在を知る
2.
3.
4.
5.

ここまでの気づきや学びを記入してみましょう。

1枚の図が差し出された。

「これは何でしょう？　道が分かれていますね」

「ええ、私が勝手に『三叉路理論』と名づけているんですけどね。覚悟の話をする前にまずはこちらの図について考えてみましょう」

Y字路に見えるその図の分岐点には〝悩み・決断〟と書いてある。

「ところで、山田さんは今の会社は新卒で入られたんですか？」

「いえ、僕は中途入社です。前の会社が新卒入社で、今の会社が2社目です」

「そうですか。では大学のときに、どの会社に入ろうか悩んで前の会社に決めて、その会社から何らかの理由で転職を考え、そのときにいくつかの転職企業候補で悩んで今の会社を選択されたんですよね？」

「ええ、そうでした」

「そういう分岐点でどちらの道に進もうか悩むのは当たり前で、それはとても大事なことですよね」

「はい、僕もそのときは、とても悩みました」

「ただ、本当の問題はその分岐点での悩みではなく、悩んだ後の真っ直ぐな道の

図17　三叉路理論

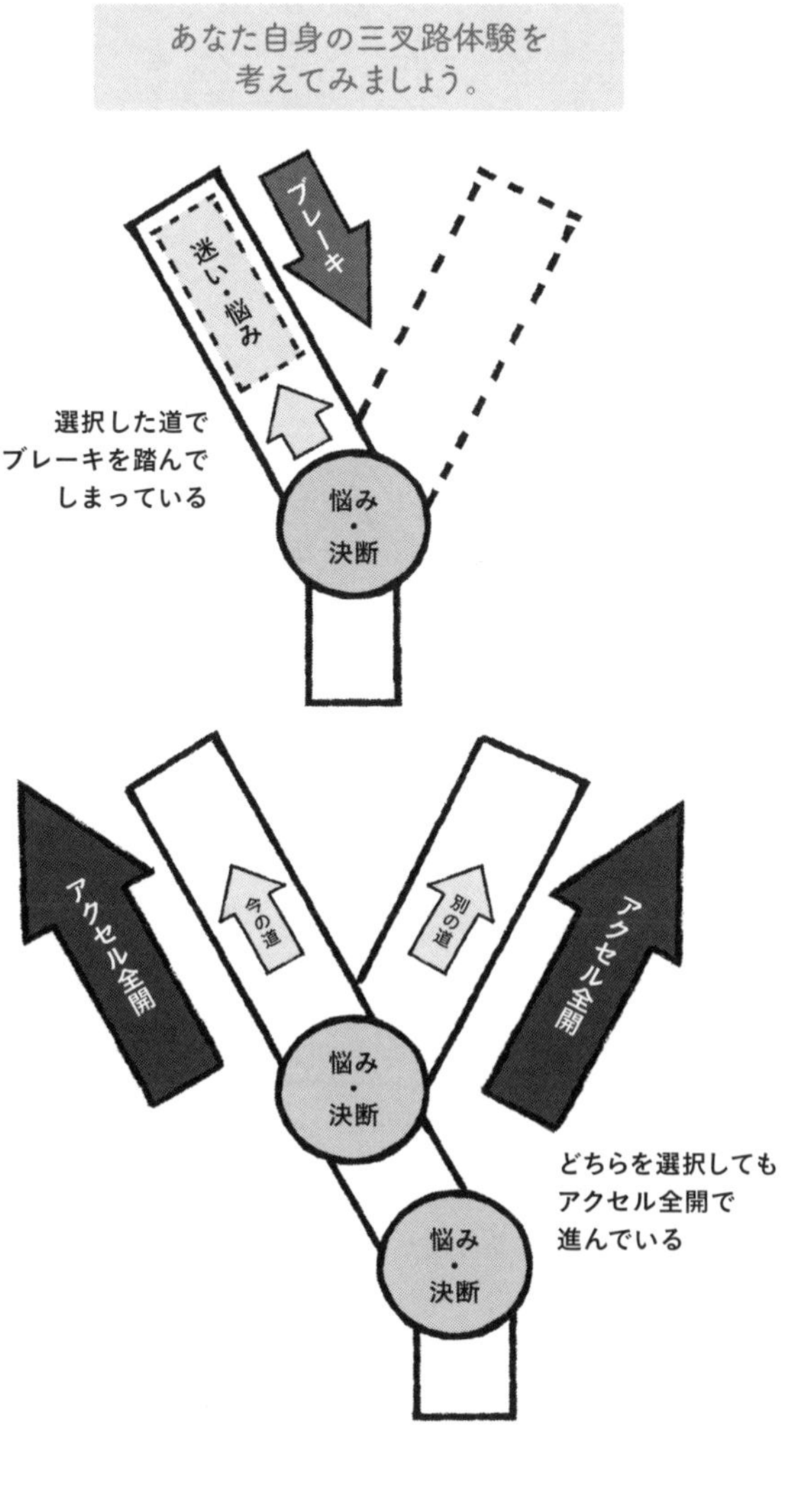
あなた自身の三叉路体験を
考えてみましょう。
迷い・悩み
ブレーキ
選択した道で
ブレーキを踏んで
しまっている
悩み
・
決断
アクセル全開
今の道
別の道
アクセル全開
悩み
・
決断
悩み
・
決断
どちらを選択しても
アクセル全開で
進んでいる

上でのことなんです」

「あっ、さっきのBさんのブレーキですか？」

「よく気づかれましたね。選択したはずの道ですから、全力で進むべきなのに、そこでまたブレーキを踏んでしまっていることです」

「なるほど！　当たり前のようですが、こうして図で見てみると、踏むべきでない道中にブレーキを踏んでしまっていることがよく分かります」

そこまでは何となく理解できたけれど、まだまだ腹落ちしきれていない。そんな気持ちで、さらにマスターに尋ねた。

「でも、踏むべきでないことまでは理解しましたが、人それぞれいろんな事情があって選択した道でもやっぱり悩んでしまうことは仕方ないんじゃないですか？」

「そうですね、理屈と感情は別物ですから。理屈ではブレーキを踏まないほうがいいと分かったとしても、感情でブレーキを踏んでしまうことは多々ありますよね。そのことに関してはこれから追い追い話していきたいと思います」

マスターは、まるで僕からの質問が当然というように答える。そして、さらに話を続けた。

「その前にまず、私がこの三叉路の図でお伝えしたいのは、感情の問題は置いておき、多くの人が〝迷うべきポイントでなく、しっかり進むべきところでブレーキを踏んでいる〟と認識することが重要だという点なのです」

「はぁ、確かに。今まで悩んでもいいポイントと悩むべきでないポイントを意識したことはなかったな、と半分納得したんですけど、それが分かったとして根本的な解決になるんですか？」

僕は半信半疑の状態で、早く何らかの結論が知りたくて少しマスターを急かし始めていた。

「まぁまぁ山田さん、そのことについてはあとでしっかり時間を取りますから、まずはこの道中でブレーキを踏み続ける状態についてもう少し考えてみましょう」

マスターは僕のはやる気持ちを見透かしたように、ゆっくりと話し続けた。

方法2

ブレーキを踏まない覚悟

「この選択後の道中で悩んでブレーキをかけているのが、まさに先ほどのBさんですよね。なぜ悩んでいるかには、給与や、やりがい、上司や同僚との人間関係、プライベートの充実や健康状態などいろいろな要因がありますね」

「そうですね、人って本当に悩み多き生き物ですね」

「そして大抵の人が、その悩みの状態がはっきりとした意思決定がされないまま、半年、1年、2年と結構長く続いていますよね。この期間は、アクセルだけを踏んでいる状態より、確実に目的地に着くのが遅くなりますよね」

「はい、それは納得するしかないですね」

「山田さんは、このブレーキを踏んでいる状態が長く続くとどうなると思いますか？」

おっ、マスターの解説が続いていたけど、急に質問が飛んできたな。

「長くアクセルとブレーキを踏んでいると……。それは車だったらエンジンがおかしくなって故障するんじゃないですか？」

「はい、その通りです。車はもちろんですが、人間でも、長くその状態であれば、パフォーマンスが落ちるだけなく、故障してしまいます」

人間で言うと故障とはどんな状態かな、なんて考えつつ聞いていた。

「なるほど、多くの人が故障のリスクが高い行動をしているということですね？」

「そうなんです。皆さん、今の自分が悩み続けている状況は、やむを得ないもので、変えることはできないと思い込んでいるのではないでしょうか」

「確かに。自分の置かれている状況をそこまで客観的に捉えてはいなくて、起こってしまっている状況にただ反応しているのかもしれません」

「そうですね。自分の状況を客観的に見るのはとても難しいことですが、もし、それができれば、その状況に変化が起こる可能性があると私は思っているんです」

僕はここで、ちょっと意地悪な質問をしてみたくなった。

「それがマスターのおっしゃる『三叉路理論』なんですね。でも、それは何か経験を伴っておっしゃっていることなのでしょうか。これまでにたくさんのご相談の実績を持っておられるとか？」

コーヒー1杯でアドバイスをもらっていながら、失礼な問いだが、それだけマスターに強い興味があるのだ。マスターは一瞬驚いたような顔をしたが、すぐに元の笑顔に戻り、こう答えた。

「私は、以前、数百人の方から、職場での悩みや、退職をすべきかなどの相談を受けアドバイスをした経験があるんです。そのときにこの『三叉路理論』を用いて話をしたんですよ」

えぇ！　この人は一体、何者？　こんな小さなカフェのマスターが、何百人もの人の悩み相談？　マスターの過去の話を聞きたくなったが、なぜかそこはあまり詮索してはいけないオーラのようなものを感じて、もう少しマスターと親しくなってから聞いてみようと我慢することにした。そして、マスターの話の腰を折らないよう聞くことにした。

「悩みを減らすために必要なこと、それは1つ目に〝ブレーキの存在を知る〟こと。そして2つ目に〝ブレーキを踏まない覚悟をする〟ことです」

「あ、さっきマスターが言っていたことですね。ブレーキを踏まない覚悟って一体どんな覚悟なんですか？」

僕はマスターのダイレクトな表現に少し驚いて聞き返した。

「ブレーキがそこにあると知ることはもちろん大事なのですが、『よし、このブレーキは踏まないほうが私の人生にとってプラスなんだから、私はブレーキを踏まないように努めてみよう！』って決断する。覚悟を決めることが実はとても大事なことなのです」

「いろいろなことで悩んでいる人が、それぞれの悩みのもとになることを解決できないのに、悩まない覚悟なんてできるものなんですかね？」

マスターの自信に満ちた表情に対し、僕の疑問はより深くなっていた。

スムーズに覚悟を決める方法

「一生その道で悩まずに進む覚悟をするのは、多分難しいですよね」

「はい、そうですね。一生の決断は重いです」

「よほど意思の強い決断力のある人でなければ厳しいと思います。私も一生の決断はなかなかできません。そこで良い方法があるんです」

マスターがニコッと笑う。僕はカウンターから乗り出して聞きたいくらいの気分になった。

「そんな良い方法があるんなら、ぜひ教えてください！」

「一生の覚悟ではなく、期間限定で決断するんです。私のオススメは2年ですね。『2年間はその道をなるべくブレーキを踏まないで進んでみる覚悟をしてみませんか？』という提案です」

「なるほど。2年だったら、一生に比べたら頑張ってみてもいいかなって気にはなるかもしれませんね」

「悩む人って、その決断を必要以上に重く考えてしまいやすいんですよ。常に一生分の決断をしようとしている感じで。でも、人生でそこまで重要な決断が必要な場面は多くないと思うんです。それにとりあえず2年間ブレーキを踏まずに頑張った体験がその後の人生にも大きくプラスになります」

図18　悩みを減らす５つ方法②

悩みを減らす5つの方法

1. ブレーキの存在を知る
2. ブレーキを踏まない覚悟をする
3.
4.
5.

ここまでの気づきや学びを記入してみましょう。

うーん、悩みを減らす方法の全容解明ができたわけではないが、なぜか少し気持ちが軽くなった気がした。気のせいかな……。

「それと、もう一つ。私が相談に乗った人たちもなんですが、多くの人が、『環境を変えさえすれば自分を悩ませている問題が全て解決する』という、願望に近い気持ちを持っている気がします」

「あ、まさに今のうちの部下もそんな感じです」

「よく言われる『隣の芝生は青く見える』ですね。確かに環境を変えることによって、結果的に良くなることはあるとは思います。でも、決断ポイントのあとで、ブレーキを踏んでしまう思考は、環境を変えたあとも残ってしまうと思いませんか？」

「確かに、悩んでいる人って、悩みの原因となる環境を変えることができても、次の悩みや新たな問題が発生したときに、思考パターンが変わっていないから、同じことを繰り返してしまいそうですね」

僕はハッとして、目からうろこってこんな状態を言うのかな、と一人で納得していた。マスターは続ける。

「私は、相談されたらいつもその会社に留まることを目的としたアドバイスはしないんです。『今の会社を辞めるのも、新しい会社に転職するのも、どちらが正しいとは私は決められないし、あなたの人生なのであなたが決める権利があると思います』と必ず言います。ただ、私がこれだけは正しいと思っていることは、どちらにしてもその選択をしたあとは、その道ではブレーキを踏まずに進んだほうがあなたの人生にプラスになるということです」

「すごくシンプルで、反論の余地がない気がしますね」

僕は少し笑いながらなぜか不思議な気持ちになっていた。

「これでも大概の人は完全には納得できないんですけど、一生でなく、2年間だけ、どちらの道を選んだとしてもブレーキを踏まずに頑張ってみてもいいじゃないかと話しています。そうすると、かなりの人が2年間だったら頑張ってみようかなって、決断できるんですね」

普段の僕は人の話を鵜呑みにするタイプではないのだが、マスターが言うのなら、そうなんだろうと素直に思った。

「さらに面白いことに、この話のあとで、『転職しないで今の会社で頑張ってみます』っていう人がとても多かったんですよ、私に相談してきた方の場合は」

「それは多分、自分の庭にある青くないと思った芝生が、自分の思い込みやブレーキのせいだったかもって感じて、その思い込みやブレーキを外してみようと思ったのかもしれませんね」

僕は今度の部下の面談のヒントを少しつかんだような気になった。

「マスター、ありがとうございます。今日聞いた話を部下にもしてみます。絶対に悩みブレーキに直面する機会ってありますもんね。そのブレーキを外すために、『三叉路理論』があるんだなぁって理解できました」

「まだ全てを話しきれていないので、少し心配ではありますが。でも、インプットだけでなく、アウトプットすることでより理解が深まりますので、ぜひ部下の方に真剣に向き合ってあげてください」

完璧な理解より実践が大事

　人は知らず知らずにブレーキを踏んでしまう。でも、ブレーキは踏まないほうが良い。そりゃそうだ。マスターが言うことは至ってシンプルだ。しかしそれは分かるけど、もう少し他の答えがあるんじゃないかと、複雑に考えようとしてしまう。もっと知りたい。そう思って質問をしようとしたとき、マスターから意外な一言が出てきた。

「キリもいいですから、今日はいったんここまでにしましょう」

「えぇ⁉」

　ここに来てから、まだそれほど時間は経っていないはずだ。わざわざ時間を空けて来たこともあり、もっと話を聞きたい僕としては、正直肩透かしをくらった気分だ。

「どうしてですか？　あ、ここからは有料ですか？」

すがるような目で食い下がる僕を、マスターは笑顔で押しとどめ、

「いやいや（笑）。そうではないですよ。少しお店が混んできたのと、先ほども言いましたが、山田さんにまず実践していただき、その経験の上で次の話に進んだほうが良いと思ったので」

なるほど、悔しいけれど、マスターは先のことをしっかり洞察しつつ、僕の成長も考えてくれているのが分かったので、今日はここまでにして学んだことを実践に移してみることとしよう。部下に対してしっかり向き合えていないのでは、と薄々感じていたところだったので今回はちょうど良いタイミングだと思った。

「そうですね。まずは実践してみます」

「頑張ってくださいね。応援していますよ！」

客先訪問の時刻になるまで、残りの時間は先程マスターに言われた内容を思い出しながら、それを部下の状況に当てはめて考えることに費やし、勘定を済ませて店を出た。今日のマスターとの話が部下との面談でどれほど役立つかはまだ分からない。しかし、少なくとも僕自身の気持ちは、カフェに入る前よりずっと前向きだ。

「よし、とにかく実践だ」

と、自分にもう一度言い聞かせ、客先に向けて歩き出した。

知っているとできるの違い

それからあっという間に日々が過ぎ、部下との面談の時間が訪れた。

「それで佐藤、話って？」

「山田課長、実は自分、会社を辞めさせていただこうと考えているんです」

早速やってきた。やはり噂は本当だった。彼の悩みブレーキは何だろうか、と思いながら質問をする。

「そうか。ちなみに、どうしてなんだ？」

「今の仕事が本当に自分のやりたいことではないのかと感じていまして。もっと自分に合う仕事があるような気がしているんです」

噂で聞いていた通りだな、と冷静に話を聞き続ける。

「それに、今の自分って、ちゃんと評価されていないと思いますし。山田課長とはうまくやれていると思いますが、他の同僚との人間関係はあまりうまくいっていないので……。正直言うと、今の給料に関しても、妻からいろいろと言われているんです。そういう状況が重なっているからなのか、最近体調もいまひとつで、環境を変えて新天地で頑張ったほうがいいじゃないかと思ってるんです」

次々に、佐藤の口からブレーキが飛び出してくる。リアルに体験することで、マスターの言っていたことが余計に腹に落ちたように感じた。

「なるほどな。なぁ佐藤、ちょっと質問させてもらってもいいか？」

「あっ、はい」

僕は、マスターに見せてもらったアクセルとブレーキの図をホワイトボードに書き、イメージしていた説明を始めた。

「アクセルを踏んでいるAさんと、アクセルとブレーキを同時に踏んでいるBさん、どっちのほうがゴールに早く辿り着くかな？」

「いや、これは当然Aさんですよね」

「だよな。でも、世の中には目標達成に向かっているつもりでも知らず知らずのうちにブレーキも踏んでしまっているBさんがたくさんいるんだよ。頑張って走っているつもりだけど、同時にブレーキも踏んでエンストを起こしそうな人が」

「……」

佐藤はホワイトボードを見つめたまま黙っている。この図の意味は伝わっただろうか。佐藤は目線を僕に移して言った。

「でも、自分に合った仕事が見つかればブレーキを踏まずに頑張れるじゃないですか。そっちに行けば給料だって上がるかもしれませんし、妻も喜ぶと思うんですよね」

どうやら佐藤は環境が変わればアクセル全開で走り出せると思っているようだ。

「僕はね、佐藤がうちを辞めてもいいと思うんだよ」

「え？」

佐藤は、呆気に取られた顔をしている。当然引き止められると思っていたのだろう。

「本当に佐藤が会社を変えることで何の気兼ねもなく頑張れるようになるのなら

ね。でも、次の会社でも全く問題がないなんてことはないだろうし、そのときまた今と同じように頑張っているつもりでも悩みブレーキを踏んでしまうんじゃないかと心配なんだ」

「確かに、その可能性はありますね」

佐藤の頑なさが少し緩んだようだ。

「だからいったんは覚悟を決めて、この会社でできるだけ頑張ってみるのはどうだ？　給料が不満だと言っていたけれど、頑張れば上がる仕組みになっているんだし、会社からの評価だって上がるだろう？」

佐藤は考え込んでいたが、しばらくして口を開いた。

「……分かりました。もう少し頑張ってみます」

「うん、一緒に頑張って目標達成しよう！」

こうして山場の面談は終わった。自分なりにやれることはやったものの、正直僕のアドバイスは正しかったのだろうか？　佐藤からもう少し頑張ってみますとの返答はあったけれど、本当にブレーキを踏まずに頑張る覚悟はできたのだろうか？　完全に霧が晴れた感覚はなく、モヤモヤ感が残った状態だった。

＊　＊　＊

そして半月後、また噂を耳にする。なんでも、佐藤は転職活動していて、どこかのエージェントと会っているらしい。いったんは目標達成のために集中してやると言ったのに、あれは嘘だったのか？　部下との信頼関係が裏切られた気分と自分のマネジメント能力に対する不安が入り混じって、今後どうしていけば良いのか分からなくなっていた。マスターから教わったことをやってみたものの、〝知っているとできるは違う〟ということを痛感する。

もう、一体どうすればいいんだよー！

動かない部下のマネジメント

「あれ、山田くんじゃない。そんな浮かない顔してどうしたの？」

佐藤の一件で沈んだ気持ちで帰る途中、バッタリ会ったのは、大学時代の友人、鈴木優子（ゆっこ）だった。ゆっこは大学時代から明るくて歯に衣着せぬ物言いをするタイプで、何の縁かバイトやゼミも一緒だったという、とても気の合う女友達だった。その彼女が少しうつむき加減で歩いていた僕を偶然見つけ、飲みに誘ってくれたのだ。

最初は懐かしい大学時代の話で盛り上がったが、いつの間にか、お互いの仕事の話になっていた。酒の勢いもあり、ゆっこの口からも次々と悩みやグチが飛び出してくる。

「開発チームが頑張ってプロダクトを作ってくれているのは分かるんだけど、不具合が多くて顧客からのクレーム対応が大変なのよ。それに企画室も、リリース前にもっとしっかり顧客のニーズを調べて、完璧な状態にしてから販売すべきだと思うのよね」

「そうだよな」

「チーム同士の揉め事もあるし、ゆとり世代の部下には何を言っても、さっぱりこっちの指示や想いが伝わらないし」

「それも分かるよ」

「私、サブリーダーなんだけど、リーダーもその部下のことを完全に私に丸投げしちゃってるし……」

「ゆっこも大変そうだな」

そう言いながら、自分もほとんど同じような悩みを持ちながら仕事していたので、少しだけ気持ちが軽くなったような気がした。

一通り会社の問題や悩みを言い合ったあと、ふとあのカフェのマスターのことが頭をよぎった。こんな二人にマスターだったら何と言うんだろう？　すごく気になってきた。

「そうだ、ゆっこ！　面白いマスターがいるカフェがあるんだけど、今度の休みに行ってみないか？　なんか仕事や人生の悩みに対して、今まであまり聞いたことがない話をしてくれるんだよ」

　突然の誘いにゆっこは驚いたようだったが、学生時代はよく軽いノリと勢いで行動していたので、すぐにその頃の感覚を思い出して乗ってきた。

「へー、それは面白そうね。今週末ならちょうど予定もないし、行ってみたいわ！」

　やっぱり学生時代の友達は気兼ねなくていいな、と思いながら数日後の待ち合わせ場所と時間を決めてその日は別れた。

＊　＊　＊

「あ、山田さん。いらっしゃい」

「マスター、今日は大学の友人を連れてきました」

「こんにちは。鈴木と申します。山田くんにすごいメンタリングをされていると聞いて、楽しみにしてきました！」

「鈴木さん、お越しいただきありがとうございます。いえいえ、そんな大それたことではないですよ。まぁ、お座りください。何になさいますか？」

マスターは相変わらず楽しそうに笑顔で対応してくれる。マスターは、注文したアイスコーヒーをグラスに注ぎ、二人の前に差し出しながら話しかけた。

「それで、本日はどうされました？」

マスターに聞かれて、すかさずゆっこが答える。

「実はですね。部下が、チームの方針や指示に反論ばかりしてくるんです。まだまだ未熟で自分の仕事も完全にできないのに、それを上司や会社の仕組みのせいばかりにして。そんな部下の指導を、上司は完全に私に丸投げしているし、本当に困ってるんです」

さすがゆっこというべきか、初対面のマスターの前でもハキハキとした物言い。しかし、そんなゆっこにもマスターは動じない。

「なるほど、なるほど」

「だから、部下とランチをしたときに『このままだと、どこに行っても評価されないわよ。まずは目の前の仕事を一つひとつ丁寧にやって、それから思うことを意見するのがいいんじゃないかしら？』と伝えたんですよね。でも、一向に変わらないんです。こういう部下をどうすればいいのでしょうか？」

部下がブレーキを踏んでいるのだから、踏んでいるという自覚をさせることと、それを踏まない覚悟を促すことだよな……と、マスターから教わったことを頭の中で僕は反芻していた。かくいう自分も、うまくいっていないのだが。さて、マスターはどのように切り返すのだろうか？　僕は、第三者的な視点でいられる状況を少し楽しんでいた。

「それでは、まず山田さん。前回お越しいただいた際にお話しした『アイスバーグ』と『悩みブレーキ』の話を鈴木さんに教えていただけますか？」

なるほど、確かに今日ゆっこがアドバイスをもらうにしても、今までの内容を知っているのと知らないのでは大分違うことは僕にも理解できた。でも、マスターから教わったことを正しく説明できるだろうか？　知っていることと、相手に説明できることにも大きな違いがありそうだ。

これ、誰の責任？

マスターが本業の仕事をしている間に、多少たどたどしさはあったけれど、僕は一通りマスターから会得した内容をゆっこに伝えた。

「いかがでしたか？　鈴木さん」

「はい、学生時代でもですし、社会人になっていろいろな研修を受けましたが、今日聞いた話は、初めて聞く話ばかりで、自分の視点が大きく変わるような感覚がありました！」

「そうですか。それはよかったです。では、次なんですが、この表に数字を記入してもらってもよろしいですか？　山田さんもどうぞ」

いつものやり取りが始まるぞ。ゆっこは戸惑いながら表を見ている。

「記入の仕方ですけど、先ほど鈴木さんがおっしゃっていた問題や、皆さんの会社で起こっているさまざまな課題に対して、その責任は誰に何％あるかを感覚的に記入してください」
「責任の割合、ですか？」
僕とゆっこはキョトンとした表情でしばらく黙ってしまった。
「最初は皆さんビックリされます。責任の割合なんて考えたことないですよね？
でもこのワークをやってみると、ある本質的なことが分かってくるんですよ」
マスターは、穏やかな笑顔で僕らを諭すように説明を続ける。
「腹落ちはしていないと思いますが、あまり深く考え過ぎないで、直感的に割合
を書いてみていただけますか。数字の合計は１００なるようにしていただければ、
あとは何の制約もありません」
このワークの趣旨や意図は謎だけど、まあ、やってみるか。二人はモヤモヤし
ながらも数字を記入していった。

図19　課題に対する責任割合

これは誰の責任？

会社で起こっているさまざまな課題に対して、その責任は誰に何%あるかを感覚的に記入してください。数字の合計は100%になるようにしてみてください。

役員	リーダー	スタッフ	自分
%	%	%	%

「私は、役員50％、部長25％、社員10％、自分15％ってところね。山田くんは？」

「役員が35％で、営業所長が20％、社員が10％で、僕が35％かな」

「なるほど。では、次にお二人がこのワークをやったあとに、学生時代の先輩と飲みに行ったと仮定してください。その飲み会の場で、お二人がこのワークのことを先輩に話をしました。そうしたら先輩は、お二人に『自分に１００％責任があると思ったほうが良いと思うよ』とアドバイスしました。さあ、その先輩はなぜそう言ったのだと思いますか？　また、その先輩に共感できますか？」

変な例え話だとは思ったが、まあ、それも含めてのワークなのだろう。

自己責任と当事者意識

ゆっこは感情がすぐ顔に出るタイプで、すでに嫌そうな表情をしている。そして、マスターの問いに、間髪入れずに答えた。

図20　二人の割合

山田さんの割合

役員	リーダー	スタッフ	自分
35%	20%	10%	35%

鈴木さんの割合

役員	リーダー	スタッフ	自分
50%	25%	10%	15%

「全く共感できないです！　例えば、部下のことにしても、確かに私の指導力にも責任はあるでしょうが、会社全体の採用基準や育成制度、部下本人の努力不足など、私の権限の範囲外のこともたくさんあります。ましてや、それ以外の会社の問題まで自分の責任が１００％なんてあり得ないです！」

　自分の責任割合15％と書いたゆっこは、少し強い口調だ。

「鈴木さんのおっしゃることは理解できます。山田さんはどうですか？」

「僕も正直、あまり共感できないですね。自分がやったことに責任を持つのは当然だと思います。でも、自分の権限や責任外のことには、それぞれの責任者がいるんだし、あくまで自分の責任の範囲で頑張るべきだと思います」

　自分の責任割合35％の僕も答え、マスターに正直な気持ちを続けて語った。

「それに、仮にも自分に１００％責任あると考えたら、すごくプレッシャーを感じてしまいます。それに自分がそんなに影響力があるのか？　とも思います。もちろん自分が少しでも関わっている仕事では、自分にも責任はあると考えて取り組みはしますよ。でも、僕の場合は、何か問題があるたびに考え過ぎてしまうところがあるので、１００％なんて言われたら、責任を感じてプレッシャーやストレスになります」

うーん、我ながら歯切れの悪い答えだが、ゆっこも、そうよねという顔でうなずいている。100%は全く共感できない。しかし、反発した意見を言いながらもモヤモヤする気持ちを感じていた。その先輩は、一体何が言いたいんだろう？会社の回し者か？　でも会社とは関係のない先輩という設定なんだから、会社に都合の良い思考にさせようということでもないだろうし。

マスターは、洗い終えたラテボウルを拭きながら二人にこう伝えた。

「今までにも、このワークをたくさんの人にやってもらいましたが、責任割合はお二人とはぼ近い数字の人が多かったです。最初の感想も、大変似たものでした」

ほら、またたくさんの人にやってもらったって、このマスターは何者なんだ？

「会社全体の問題や他部署のことまで責任を取らされて評価や給与が下がったら、全くもって損以外の何ものでもないと思います！」

ゆっこが収まらない気持ちをさらにぶつける。それでも、マスターの表情は一向に変わらない。ずっと穏やかなままだ。

「はい、しっかりお二人の本音を伝えていただきありがとうございます。実はこのワークはあえてエッジが効いた深い議論ができるように、100%の責任といった強い表現を使わせていただいているんです」

あれ？　わざとみんなが過剰に反応するようにしているのか。でも、それってなぜ？

「では、ここでいったん〝責任〟という言葉は強いので、それを〝当事者意識〟と置き換えて考えてみましょう。その上で当事者意識のパーセンテージの大きい人と小さい人では、思考や行動にどんな違いがあるか考えてみませんか？」

責任と当事者意識を置き換える？　うーん、どう考えればいいんだろう？

「例えば、部下のことですが、たしかにお二人が部下の成長を考え、結果を出せるように頑張っていらっしゃるのは理解できます」

僕たちの気持ちを見透かすように、マスターの説明が続く。

「その気持ちは大切ですが、ちょっと先ほどの割合で考えてみましょう。例えば、上司としての当事者意識が10%のリーダーと80%のリーダーでは、部下に対する行動にどんな違いがあると思いますか？」

「そうですね、当事者意識の低いリーダーだったら、『成長しない、結果が出ないのは部下本人が悪いんだから』と考えるし、そう考えれば、それらに対する対策は早めに止めてしまうでしょうね」

「山田さん、その通りですね」

ゆっこが負けじと発言した。

「当事者意識が高いリーダーなら、『自分自身の意識や行動をどう変えていけば、部下がもっと良くなるのか』を考え、いろんな工夫や努力をすることが考えられますよね。でも、それって部下に対する甘やかしや、チーム全体の時間配分のバランスを崩してしまうリスクもあると思うんですが……」

「鈴木さん、いい意見ですね。当事者意識の高いリーダーのほうが、確実に改善する努力をしますよね。それと甘やかしや時間配分のリスクですが、これは、あくまでも私の考えなのですが……」

メリットとデメリット

ゆっこの意見もその通りだと思って聞いていたが、それに対してマスターがどう反論するのか、とても興味深かった。

「物事には、全てメリット・デメリットがあり、どちらか一方しかないということは、ほとんどないと私は思っています。ですから、部下に対する指導や育成でも、当事者意識を高く持っていれば全てがうまくいくわけではありません。甘やかしやバランスを崩さないように細心の注意や工夫をすることは当然のことだと思います」

一呼吸おいてマスターが続ける。

「ただ、当事者意識の低いリーダーは、多くのことを部下のせいだと決めつけて努力や工夫をしませんから、状況が改善される機会は、当事者意識の高いリーダーより圧倒的に少なくなると思います」

多くの人の成長を見守ってきたであろう瞳には、経験からくる説得力がある。なるほど、当事者意識が高い・低いを比較する議論では、高い場合のリスクだけを挙げて、『だから当事者意識が低いほうがいい』という論理展開は確かに成り立たないな、と思った。全てが腹落ちしたわけではないけれど、ワークの最初に感じたような抵抗感は消えてきているし、マスターが何を伝えようとしているのかが、少しだけ分かり始めたのかもしれない。

「その先輩の言いたいことは、当事者意識が低いほど、ある意味、思考停止状態になってしまい、改善や変化する努力をしなくなってしまうってことですか？」

「山田さん、良いところに気がつきましたね！　そうなんです！『自分も多少責任はあるけど、他の誰かも、自分より大きな責任があると思う』と思えば思うほど、当事者意識が低くなっていき、思考がだんだん停止していくということです」

「う〜ん。そういうものなのかしら？」

ゆっこはまだ納得がいかない様子だ。僕はなんだか心の奥底がチリチリと痛む。

「部下に関する話だけなら納得できるかもしれないのですが、全社や他部門に関してまで自分に責任があるって考えるのは、やっぱり無理がありませんか？」

ゆっこは食い下がって質問を続けた。そういえば、学生時代のディベート大会で情勢が不利なときでも諦めずに反論を続けていたっけ。

「ではこの事例はいかがでしょう？　最近ウチの会社に活気がなくなってるよね、とか社員のモチベーションが下がってるよね、という話はよくありますよね？」

「ウチの会社でも、あるあるですね」

二人とも大きくうなずいた。

「そう言っている人たちって、どんな心境や当事者意識でその話をしていると思いますか？」

「たぶん、その会社の状況に関しては、ほとんど当事者意識は持っていないでしょうね」

「その問題は幹部や人事の責任だと思っているような気がします。もしくは、あまり深く考えずに言っているのかもしれません」

ゆっこと僕は続けて答えた。

「そうですね、これらの発言って、かなり評論家的っていうか、ほとんど当事者意識は感じませんよね。では、当事者意識の高い人なら、どんな発言になると思いますか？」

当事者意識100%を目指すべきか

なんか、どんどんマスターの術中にハマっていくようだけど、なぜか少し心地良い感じもする。

「当事者意識が高い人だったら、何かしら自分が具体的に行動を起こすことを考えるんじゃないかしら。自分のチームでイベントのようなものをやるとか、全社が活気づくような施策を提案するとか」

否定的な意見を言っていたゆっこが肯定的な発言をし始めた。

「少なくとも、明るく挨拶するとか、部下とのランチでみんなを元気づけるとかは、個人でもできますよね」

僕も負けまいと続けた。

「お二人ともいい感じですね。当事者意識の違いがふるまいや行動の違いとなることを理解されてますね」

「100％まで完璧に当事者意識を持つべきかは別として、確かにやはり当事者意識が低すぎる人が多いと組織が良くならないのは理解できたように思います」

「常日頃から部下に『当事者意識を持って行動しなさい』って言っていたけれど、自分の当事者意識があまり高くなかったかもしれないと感じ始めました」

僕は意見を言いながらも、少し反省しているような気分になっていた。ゆっこも先ほどの苛立った表情から一転して、神妙な顔つきになっている。

「当事者意識の高い人が多い組織が良くなることは、大分理解していただいたと思いますので、次に、お二人が気になっている100％の話をしましょうか」

「ぜひ、お願いします！」

二人は前のめりになりながら言った。

「先ほども言いましたが、このワークで責任という言葉を使ったのは、議論が活発になり、より皆さんの本音が聞けるようにするためです。100％責任とって評価が下がるとか、格下げになるとか、そういうことではありません。まず、そこは理解してください。その上で、さっきは当事者意識が低い人と高い人の違いを考えましたが、今度は当事者意識80％の人と当事者意識１００％の違いを考えてみませんか？」

マスターはきちんと二人の理解に合わせて質問のレベルを変えているようだ。

「80％は結構高いほうじゃないでしょうか？　そのぐらいあれば上司としては十分ですし、具体的な行動もするでしょうし」

ゆっこが答えた。

「僕も１００％と80％の違いのイメージがあんまりわかないです。１００％の当事者意識を持つことに対して、なぜか軽い恐怖感のようなものがあるのかもしれません」

僕も遠慮せずに本音を話した。

「そうですね、強制されて、腹落ちしてないのに無理にやろうとするのは良くないですから、あくまで自分で納得して主体的にやってみようとなったらそうしてください。その前提で、少しだけ考えていただきたいのは、80％や90％の高いレベルの人でも残りの10％から20％を他責にしてしまうことにより、ある大事なものを失っている可能性があるということなんです」

うーん、そうかもしれない。でも、人間そこまで完璧を目指す必要あるのかな。その程度はいいんじゃないだろうか。自分に甘いところがある僕はそんなことを思ったが、ここは口には出さずにマスターの話を聞き続けよう。

あるべき姿と現実論

話の続きを待つ二人に、マスターはまたニコリとして、こんな提案をしてきた。

「どうでしょうか。私がずっと解説するよりも、少しお二人でこのテーマについてディスカッションしてみてはいかがでしょう。話しやすいように私はここから少し離れますから。あっ、一つだけアドバイスを。そのディスカッションが滞ったときは、この袋に入ったカードを見てください」

言葉を返す間もなく、マスターは中が見えない袋を僕たちの前に置き、カウンターを離れて別のお客さんのところへと行ってしまった。

「山田くんはマスターの話、どこまで腹落ちした？」

ゆっこが興味深げな顔で聞いてきた。

「そうだな、責任と言われたときは、すごく抵抗感があったけど、当事者意識って置き換えたら、それは少ないより多いほうがいいことは納得できたよ。でもまだ100％っていうのには同意できないな」

「うん、私もほぼ同意見よ」

うーん、これでは議論が発展しないので、僕は少しだけマスター寄りの意見を言ってみようと思い直してゆっこに提案した。

「100％って、理由は分からないけど二人とも何かすごくリスクが高くて、損をするイメージを持ってるじゃん。それがなぜで、そんなリスクが本当にあるのか考えてみないか？」

「なるほど、確かに固定観念というか、強い思い込みみたいなものもあるかもしれないわね。自分の責任が100％って考えてみたとして、自分ができる範囲で行動を起こそうとしてみる。例えば部下とか同僚と食事に行って皆がやる気が出る話をしたとしたら、それがうまくいかなかったとしても、別にそれで責任を取らされたり、減給されたりするわけではないのよね」

「そうだな。多分だけど、何かやってもどうせ無駄だと思って、無駄になってしまうことをやるのは損だという心理が働いているのかもしれない気がする」

「うん、山田くんの言う通り、自分の決められた仕事の範囲以外のことをやって、認められなかったり、無駄になったりしてしまうことを嫌って、そんな意識を持つことや行動することにブレーキをかけているのかもしれないわ。それが100%を拒絶する要因なのかな？」

少しだけ本質に近づいてきたかもしれない。僕はさらにゆっこに提案した。

「だとしたら、逆に100%が本当に無駄なのか、損なのか考えてみないか？そうだな、考えやすいようにあまり大きな行動でなく、小さめの行動で考えてみようか。例えばチームの雰囲気を良くするために、朝元気に明るい挨拶運動を自分から積極的に始めたと想定してみようか」

「あら、それは分かりやすい事例かも。やることのメリットは何かしら？」

「まず、それって投資や根回しが必要なわけではないから、比較的簡単にできることがメリットといえばメリットかな。それにその活動が少しずつ広まれば、チームや会社の雰囲気が良くなっていく可能性はあるよね」

「じゃあ、デメリットは？」

「最初に一人で始めるのは勇気がいるよな。『山田さん、どうしちゃったんですか？　急に』って言われるかも。それに一人がその活動を始めても、その輪が広がらずに、誰も明るく元気に挨拶を返してくれなかったら、恥ずかしい気持ちや損をした気持ちになるかもね」

「結局デメリットって、気持ちの問題が大きいみたい」

「うーん、ここまでは分かったけど、このあとどんな議論をすればいいだろう？」

二人とも考えがいきづまり、しばらく黙ってしまった。

「そうだ、さっきマスターが何か渡してくれてたよね？」

どちらともなく思い出し、カウンターに置かれた袋に目を向けた。そうか、マスターは二人の議論がいきづまることを完全に予測してたのか。ますますマスターって何者なんだろう？　と不思議になる。

ゆっこがその袋を開けたら1枚のカードが出てきた。そのカードには一言〝自分のアイスバーグの成長〟とだけ書いてあった。

「これってなぞなぞ？」

ゆっこは怪訝な表情でつぶやいた。他のお客さんと話しているマスターを見たら、こちらは見ていなかったけど、少し笑ったような気がした。

「この議論の解決の鍵は〝自分のアイスバーグの成長〟か……」

しばらく考えこんだ僕はハッとして言った。

捉え方次第で気持ちは変わる

「これって損得の問題ではなく、自分のアイスバーグの成長として考えてみてくださいってことなんだよ！」

「なるほどね。私たち行動するときに損得ばかりにとらわれていたんじゃない？その行動をすることが自分の成長に必要かどうかって視点で考えたら、少し違って見えてくるかもしれないわ！」

二人が知らず知らずに熱く語っていたら、マスターが戻ってきて微笑んで言った。

「ディスカッションはいかがですか？」

「はい、自分たちって結構打算的だったり、自分のプライドが傷つくのが嫌だったりで、当事者意識の高い行動を避けているのかもしれないと気づきました。何もしなければ損をする感覚にもならないし、プライドも傷つかないですから。でも、その分、自分が成長する機会を失っているのかもしれないですね」

ゆっこも続ける。

「私も振り返ると、学生の頃は損得よりも、正義感とか仲間のためとかを思って、本気になって挑戦したときのほうが、それがあまりうまくいかなかった場合でも、成長したなって思い出してました」

「お二人とも、素晴らしい議論をされて、とても良い気づきを得られましたね。おっしゃるように、最近の世の中では自分にとって損か得かで物事を判断し、行動してしまう傾向が強くなっているような気がしますね。でも、当事者意識が高いと、単純に自分の目先の損得というより、長期的な自分の成長やその成長によって、チームや会社、お客様や社会にプラスになるという視点で行動できるようになるんです」

マスターの解説には腹落ちするものがある。確かに自分も損か得かで物事を考えて仕事をしているし、長期的な自分の成長やチーム全体のプラスになるかどうかという視点で物事を判断する機会も少ないと思う。

「そういう話であれば、100%の責任感とか当事者意識というのも、最初に比べればかなり受け入れやすくなりました。そのほうがより自分が成長できる機会も増えますし、損得にとらわれない人間関係が築けそうです」

「はい、100%他責にしない、当事者意識100%の考え方が腹落ちすると大きなメリットがあると私は考えています。成長の機会が圧倒的に増えますし、悩みもすごく減る可能性が高いと思いますよ」

「悩みも減るんですか?」

二人は同時に聞いた。

「はい、これは私自身の経験と、この話をお伝えした方々からの感想なのですが、この考え方や行動が身につけばつくほど、気持ちが楽になったり、悩みが減ったりする傾向が強くなるようです」

「ぜひ、詳しく教えてください！」

ゆっこはカウンターに身を乗り出して興味津々な様子だ。マスターは、そんなゆっこの勢いにも動じない。

「何か問題が起こったときに、『自分は悪くないのにな』とか、行動を選択するときに『損か得か』と考えるのは、結構モヤモヤしたり、フラストレーションが溜まることってないですか？」

僕とゆっこが、まぁとうなずくと、マスターはさらに続けて言った。

「他の人の考えや行動を変えるのって難しいですよね。ですから、そう考えて悩んでいても、状況が改善することってあまりないと思うんですよ。それよりは、誰が悪いとか、損だとか考えずに、自分にできることは何だろうって考えて、小さいことでもいいので、やると決めて行動する思考と習慣を身につけると悩みづらくなっていきます。それに、そのほうが自分の成長にも繋がることが分かっているので、心の健康にもとてもプラスなんです」

方法3
他責にしないは100%

「確かに、自分の責任と他者の責任の区分けって難しいですよね。会社でも、いろんな問題が起こると、その原因は役割分担が明確になってないからじゃないか？　という意見がよく出るのですが、役割分担を明確にして解決するってイメージは湧かないんですよね」

確かに。僕もゆっこに続く。

「当事者意識を100％持つと意識しても、そんなにリスクや損はないかもしれないですね」

「まだ、全て腹落ちしているわけではないですけど、なんかマスターの話を聞いてると、100％他責にしない思考や行動も良いかもって感じてきました」

僕も完全にしっくりきたわけではないが、この当事者意識100％という姿勢で臨む努力をしてみてもいいかなと少し考えた。ここであらためてこの話は何からスタートしたのか考えた僕が言った。

「マスター、この〝他責にしないは100％〟というのが、『悩みを減らす5つの方法』の3つ目ですね！」

僕の言葉にマスターは、にこやかにうなずいた。

「お二人はとても真剣にこのテーマに関して議論をされて、しっかりした気づきを得られていますね。この気づきは、お二人の今後の仕事や人生にとても役に立つと思います。もっと話をしたいのですが、お店も混んできてしまったので、今日はこのあたりにしておきましょう。もちろん、お店にはゆっくりしていってください」

「あ、はい。もっとマスターのお話を聞きたいところですが、これ以上マスターの時間をいただいては営業妨害になってしまいますね」

「マスター、今日はありがとうございました。本当にアッと驚くような話ばかりでした。私、当事者意識を100％持つようにしてみます。これからも、もっともっと学ばせてください！」

来たときとは表情や目の色が変わったように思えるゆっこが言った。

図21　悩みを減らす5つの方法③

悩みを減らす5つの方法

① ブレーキの存在を知る

② ブレーキを踏まない覚悟をする

③ 他責にしないは100%

④

⑤

ここまでの気づきや学びを記入してみましょう。

「今日の学びをぜひお仕事などで実践されて、その結果も教えてくださいね」

二人で、今日学んだことや気づいたことを一通り振り返ったあと、再度マスターにお礼を言い、解散した。

当たりクジが買える店？

「山田さん、いらっしゃい。先日は鈴木さんをお連れいただき、ありがとうございました」

ゆっこをここへ連れてきたのは、もう2週間も前になる。今日はようやく時間ができて、客先からの帰りにカフェに立ち寄ることができた。

「マスター、あのあと電話でもゆっこと話したんですけどね。彼女も大分刺激を受けたみたいで、『仕事や家庭でいろいろ変化があった！』って興奮して話していましたよ」

「家庭でもですか？」

マスターが笑いながら言った。

「そうなんですよ。ゆっこは結婚して3年目なんですけど、ここに来る前は、夫婦喧嘩が多かったらしいんです。でも、それがマスターのおかげで減ってきたようなんです」

「それはうれしいご報告ですね」

にこやかなマスターが満面の笑みに変わる。

「以前の喧嘩も、内容自体は、そこまで深刻ではなかったようなんですけどね。詳しい状況までは分かりませんが、今までは、すぐに意見がぶつかって腹を立てることが多かったのが、ここに来てから衝突が減ってるらしいんです」

「そうですか〜。ちなみに山田さん、なぜ鈴木さんの夫婦喧嘩が減ったか分かりますか？」

「おそらくですけど、ゆっこが不満を言うだけでなく、改善するためには何が必要かを考えるようになったからではないでしょうか？　ここへ来る前に飲んだときには、『ダンナは片付けができなくて、何でも出しっぱなし』とか『休みの日は一日中ソファでごろごろしてる』とか不満をこぼしてたんですけど」

「どこの家庭でも、同じような風景があるんですねぇ」

「でも、他責にしないは100%の話をマスターから聞いたあとは、旦那さんが進んで片付けをするようになる工夫だったり、無理のない休みの日の楽しみ方を考えたりして、少しずつ喧嘩が減ってきたって言ってましたから」

「まさに前回の学びを実践してくださっているんですね。私もうれしい限りです」

「マスターのおかげです」

今度は僕も婚約者を連れてこようかな？　なんて思いながらお礼を伝えた。

「それで山田さん、今日はお一人でどうされましたか？」

マスターが僕のアイスコーヒーを準備しながら、質問を投げかけてきた。

「はい。あれからゆっこと電話で話をしながら、部下に対してどのように接していけば良いのかという話題になったんです。そこで、どこか責任割合を部下に置いてしまって、ゆっこも僕も当事者意識を100%持って部下に接していなかったね、と気づきました」

「それも素晴らしい気づきですね」

「ありがとうございます。なので、今度は責任割合を相手に置かず、当事者意識を１００％持ってやってみようとは考えているんです。ただ、部下に対して、当事者意識を１００％持って接したときに、本当に良い結果になるんだろうか？という議論になったんです」

「ふむ。と言いますと？」

「ビジネスは結果が命ですから、やはり結果にこだわることを重視したいと思うんです。そうすると、部下に結果を出させるのは、リーダーである自分の指導や指示に１００％責任があると考えたとき、部下が『結果については１００％上司の責任』とならないか心配なんです。部下もしっかり当事者意識を持って仕事をしてくれるといいのですが、上司である僕に依存して甘えが出ても困るなぁ……と思いまして」

そして、僕にとっては現在の最大の悩みの種、部下の佐藤のことも切り出した。

「あと、近々また部下との面談もあるんです。その前に、マスターの話を伺いたいと思って、今日は参りました」

「部下の結果に対する責任というのは、良い質問ですね。ところで山田さん、結果って選択できると思いますか？」

「え、結果ですか？　ビジネスでしたら、選択できるならしたいと思いますけど」

「お気持ちは理解できます。ですが、未来の結果は選択できません。行動だけが選択できるんです」

「え？」

僕は鳩が豆鉄砲でも食らったような顔をしていたのだろう。マスターが白い歯を見せて笑った。

「損得勘定ではなくて、当事者意識を持ち、100％他責にしないほうが成長でき、成果にもつながることは、それなりに理解したつもりです。しかし、結果を選択できないのであれば、意味がないんじゃないでしょうか？　僕はあくまでも結果にこだわりたいですね」

「多くの方にこの話をしているんですが、山田さんのような意見の方がほとんどです」

マスターはそう返す。僕は考えながら、こんな質問をしてみた。

「では、どうして結果は選択できなくて、行動は選択できるのでしょうか？」

「山田さんが宝くじ売り場に行ったとしましょう。そのとき売店の方に『一億円の当たりクジをください』って言ったら売ってくれますか？」

「マスター、そんな売り場あったらすぐ飛んで行きますよ（笑）」

「そうですよね。では、明日とても大事な営業で大手の会社を訪問することになっていたとして、１００％契約は取れますか？」

「はぁ、契約が取れるよう最大の努力はしますが、談合でもしていなければ当然１００％取れると事前に約束はできないです」

悩んでも意味がない

「つまらない質問をしてしまい、すみませんでした。でも、このことがとても大事で、多くの人が人生や仕事で『宝くじ当たるかな？　当たるんだったら買おうかな』とか『明日の営業で契約取れるだろうか』って、すごく真剣に悩んでいるんです」

「はい、誰でもそうだと思います」

マスターがなぜこんな当たり前のことを言っているのか理解できないまま会話は続いた。

「理論的に考えれば、将来のことは誰にも選べないと分かっているのですが、感情的には何か行動を起こすときにいかにも結果が選べるかのような気がして、どの行動が一番結果に結びつくか過剰に悩んでしまいますよね。もちろん、より効果的なものや、確率が高い行動や選択はありますので、真剣にその部分を考えることは正しいですし、それを止めましょうといっているのではありません」

「うーん、いまひとつ違いが分からないのですが？」

「何か行動をするときや、意思決定をするときには最も良いと思うものを選択する。でも、選択したあとは完全に自分の元から離れて、結果は選択できないものだと思う。最初は結果と行動を切り離して考えるのはとても難しいのですが、この考え方ができるようになると、本当に迷いや悩みが減少します。私はそうでしたし、このことをお教えしたたくさんの方からも、そう言っていただいています」

「結果は選択できないと考えるだけで迷いや悩みが減るんですか？」

僕は高校生のとき、好きだった女の子に告白したけど、振られてしまったことを思い出し、なんとも言えない感じになった。

確かにあのときだって交際ＯＫという結果を期待して夜も眠れなかった。でも、今になって冷静に思い返すと、告白するか、しないかの選択権はこちらにあったけれど、それを受け入れるかどうかの選択権は彼女が持っていたのだから、僕には結果を選択することはできなかったんだ。顔を上げてマスターに伝える。

「確かにそうですね。常に結果は選択できないです。恥ずかしい思い出話ですが、学生時代に告白した女の子に振られたことがありました。ただ全力で告白しましたし、彼女の好きなこととか話題になりそうなネタとか、いろいろなことを知ろうとしていました」

「青春ですねぇ。山田さん、しっかり行動を選択していたじゃないですか」

「いや〜、でもすごく悩みましたよ、あのときは」

「今は皆さん少しでも早く結果を欲しがる傾向にあるように思います。売り上げ、目標数字の達成、昇給昇格など、結果に集中し過ぎて、本質を見失ってしまっているように見えます。本当は、最善の結果を出すための行動に集中したほうが、良い成果が期待できるのに、逆に行動が甘くなったり薄くなったりすることがありますよね」

「おっしゃる通りだと思います。結果を生み出すために、どう行動をするのかを考えるべきだということも。しかしビジネスになると、どうしても結果にこだわって、そちらに考えが集中しちゃっていますね」

方法4 結果は選択できないが、行動は選択できる

「山田さん、そこは少し良い方法があるんです。騙されたと思って、結果が心配で行動や意思決定に悩んだときに『結果は選択できないが、行動は選択できる』と呪文のように唱えてみてください」

「呪文ですか？　分かりました。やってみます」

笑いながら答える僕に、マスターもニンマリとしている。

「今日も、山田さんのお役に立てればと私なりに真剣に話すことを選択していま す。でも場合によっては、退屈で無駄だって山田さんに思われているかもしれな いじゃないですか。でもそうだったとしてもそれは結果で、私には選べませんか らね」

「いやいやマスター、そんなことないですよ！」

慌てて遮る。実際そんなことないからだ。

「例えばの話です(笑)。私も最初からそう思えていたわけではないんですよ。前 職での経験の中から、徐々にその考え方をするほうがいいと気づいたのです。気 持ちもすごく楽になりましたし、良い成果が上がるようになっていったと思いま す」

「前職の経験ですか。どんな経験だったんですか？」

マスターの前職は、最初からすごく気になっていたので思いきって聞いてみた。

「はい、私が担当役員をしていた事業部では、顧客企業が５００社ほどありまして、その顧客15社ごとに一人の担当者がいたんです。で、その顧客企業から何らかのクレームがあった場合、その担当者がクレームの対応をします。その担当者が処理できない場合はその上司の課長、その課長でも解決できない問題は部長に上がります。そしてその部長でも難しい問題が私へと上がってきました」

マスターは天井の一点を見つめて、さらに言葉を続けた。

「これがかなり深刻なものや、解決策はなさそうな問題ばかりなので、最初はその問題に直面すると気が重く、正直、顧客企業との面談も億劫だったんです」

予想以上に、すごい答えが返ってきた。マスターは大きな会社の役員で、そんな仕事をしていたんだ。経歴をさらに詳しく聞きたくなってきたが、マスターの話は、そのままどんどん進んでいく。

「そんな気が重い面談を何度も行っていたときに、〝結果は選択できないが、行動は選択できる〟という言葉を知ったんです。もちろん、この言葉の存在自体はもっと以前から知っていたかもしれません。しかし、自分が悩んでいたそのときに、すっとその言葉の本質を理解できたのです」

「その言葉の本質ですか？」

確かに言葉って、ただ知っているのと体験を通して深く痛感するのは違う。それは僕にも理解できた。

「結果は選べず行動は選べる、という当たり前のことですが、その選べない結果に意識や関心が向きすぎて、行動や計画に意識が向かず、ベストを尽くせていないかもしれないということに気づいたのです。そう気づいてからは、選択できない結果にはとらわれず、どんな結果でも受け入れるという覚悟を持って、深刻な面談に臨む努力をしました。そうしたら、その後はどうなったと思います？」

「えっ、それで結果に変化があったんですか？」

「はい、私が考えていたより、ほとんどの問題が、良いほうに解決したんです」

マスターにあえて確認はしなかったが、この〝結果は選択できないが、行動は選択できる〟が、「悩みを減らす5つの方法」の4つ目であることは間違いない。

「考え方が変わっただけでなく、私の態度も変わっていたでしょうし、ベストを尽くすために、積極的に解決策も考えて臨んだのが良かったんだと思います」

図22　悩みを減らす５つの方法④

悩みを減らす5つの方法

1 ブレーキの存在を知る

2 ブレーキを踏まない覚悟をする

3 他責にしないは100%

4 結果は選択できないが、
行動は選択できる

5

ここまでの気づきや学びを記入してみましょう。

部下とどう向き合うか

「マスターの実話を聞けて、〝結果は選択できないが、行動は選択できる〟の深い意味と、その考え方を会得すると、自分の仕事や人生にとって大きなプラスになることが少し理解できたように思います。それに、今までも自分がいかに選択できない結果にとらわれていたのかにも気づかされました」

「はい、少しご理解いただいたところで、先ほどの部下の方との面談の件に戻りましょうか」

「あっ、そうでした。そこがこの話の入り口でしたね」

僕は、以前にマスターから教えてもらった、ブレーキの話を部下の佐藤にしたこと、その場は納得したようだが、しばらくするとまた転職活動を再開したことを話した。そして次の面談も近いので、前回の二の舞にならないようにしたいのだと話した。

「山田さんは、部下との関係性で、当事者意識100%の考え方をすることで、もっと良い影響が出せると考えられるようになられました。ただ、そう考えて一生懸命頑張っても、結局部下の考えや行動を変えることはできないと心配されていましたよね」

「はい、全くその通りです」

「山田さんが、当事者意識100%で部下と面談しても、部下が退職を思い留まり、より前向きな考え方に変わるかどうかは選べませんよね。ただし、当事者意識100%で臨むのと、50%で臨むのでは結果に違いがある可能性があります。同じように、結果を心配して臨むのと、行動にのみフォーカスして臨むのも大きな違いがあると思いませんか？」

「うーん、確かに。商談でも交渉でも、全力で話したほうがうまくいく確率は確実に上がりそうですね」

そう答えながら、僕は心の中で、これまでの面談では当事者意識も弱く、結果にフォーカスしていたなぁ、と反省していた。

「私も前職では多くの退職希望面談を行いました。そのとき『どうせ何を言ったって変わらないだろう』と思わないで、その部下との面談時間の1時間から2時間は、真剣に部下と正対していました。相手の人生にとって、どんな選択をすることが良いかを真剣に考え、アドバイスすることだけにフォーカスして、結果はどうなっても受け入れる覚悟でした」

「そうなんですか。その退職面談で部下の方々はどうなったんですか？」

「はい、どのぐらいの比率が正しいのかは分かりませんが、かなりの比率で私のアドバイスを理解してくれました。会社に残った彼らは他者からの評価も高くなり、昇格もしていきました。もちろん、少数ですが面談のあとに辞めていった者はいます。しかし、私は行動にベストを尽くした自信がありましたので、後悔したり悩んだりはせずに、他の部下の成長を考え続けることができました」

「なるほど、〝部下の気持ちを変えるには、どんなアドバイスをするか？〟というテクニカルな話の前に、その面談にどう臨むかがとても重要なことなんですね」

「そしてこの考え方は、山田さんだけでなく、山田さんの部下にも同じことが言えるんです。山田さんの部下も行動でなく、結果を心配して悩んでいませんか？」

「あっ、そうかもしれません。僕の部下は『仕事を頑張っているつもりだけど、このままこの仕事を続けてもいい結果は出ないんじゃないか』とか『職場の人間関係がうまくいかないから、環境を変えたほうがいいんじゃないか』とか、行動するより前に悩んで動けなくなっている節がありますね」

「やはりそうですか。今日お話をさせていただいた『悩みを減らす方法』は、山田さんの会社でのあり方や部下との接し方だけでなく、部下の方の悩みを減少させて、ブレーキを外してあげるサポートにもなるんですよ」

「おっしゃる通りのような気がします。僕にも、部下に対しての接し方やアドバイスに迷いが多かったですし、その状態で部下の悩みを解消させるのは不可能だということに、気づかせてもらいました。『なんで部下は僕の言っていることが理解できないんだ』とか『こっちは頑張っているんだから結果を出してくれないと困る』とか、部下だけでなく、僕も他責にして、結果のみに執着していたんですね」

マスターの話は原理原則や本質的だと思ってはいたけれど、ただ単に机上の空論を並べるのではなく、マスターの体験に基づくものだから、言葉が深く胸に染み入ってくる。特に今日は、前職の話を詳しく聞けたからなおさらだ。こうして自分のアイスバーグがさらに成長していくのかな。これから、もっと質問したいことも出てきそうだ。

方法5 関心の輪と影響の輪

おかわりのアイスコーヒーを注文して、しばらく待っている間、さらに深く考えてみると、いくつかの疑問点が出てきた。そこへちょうどマスターが2杯目を目の前に出してくれたので、聞いてみることにした。

「マスター、部下との面談を頭の中でシミュレーションしていたのですが、ちょっと突飛な質問をさせてもらってもよろしいですか？」

「ええ、何でも構いませんよ」

「例えば部下が、今より大幅な給与のアップを望んでいたり、他の部署の人間がその部下の良からぬ噂を流していると悩んでいたりした場合は、どうしたらいいのでしょう？　どれだけ行動を選択したとしても無理なものは無理じゃないか、というときがありますよね。このような場合、どのように考えればいいんでしょうか？」

「なるほど。山田さん、〝関心の輪と影響の輪〟の話はご存知ですか？」

「関心の輪と影響の輪ですか？　いえ、聞いたことがないです」

「この話が、『悩みを減らす5つの方法』の5つ目の話となります」

そう言いながら、さらに1枚の図が出てきた。

「これが、部下のことと関係があるんですか？」

「ええ、そうです。関心の輪と影響の輪はスティーブン・R・コヴィーの『7つの習慣』という本に書かれているのですが、とても素晴らしいので、ここで使わせてもらっています。例えば、山田さんは今の日本の税金が高いという不満はお持ちですか？」

「はあ、日本の税金ですか。そうですね、僕も給料がそんなに高いほうではないですし、額面に対して税引き後の手取りを見ると税金高いなぁとは思いますね」

「そうですよね、ほとんどの方はそう思いますよね。そうはいっても山田さんは、そこまで深刻に税金について悩まれているわけではないでしょうが、もし、その税金に関して深刻に悩んでいる人がいたとしましょう。その方は、この図でいう関心の輪と影響の輪のどちらで悩んでいると思いますか？」

「すみません、関心の輪と影響の輪の意味がよく分かっていないのですが……」

「あっ、失礼しました。説明無しで質問してしまって。では、この税金が高いことを深刻に悩んでいる方を仮にタナカさんとして、そのタナカさんを例に関心の輪と影響の輪の説明をしますね」

「はい、そのほうが分かりやすそうなので助かります」

「実は、タナカさんが、日本の税金の高さに悩まなくなる方法が2つだけあるんですが、山田さん何だと思いますか？」

マスターは本当に質問が好きだな、と思いつつ思い出した。こういう質問で相手の深い考えを引き出すのって、そういえば会社の研修でも習ったような気がする。たしかコーチングとかファシリテーションだったっけ。

「悩まなくなるには税率を下げなければなりません。でも、普通なら、そんなことできないですよね？」

図23　関心の輪と影響の輪

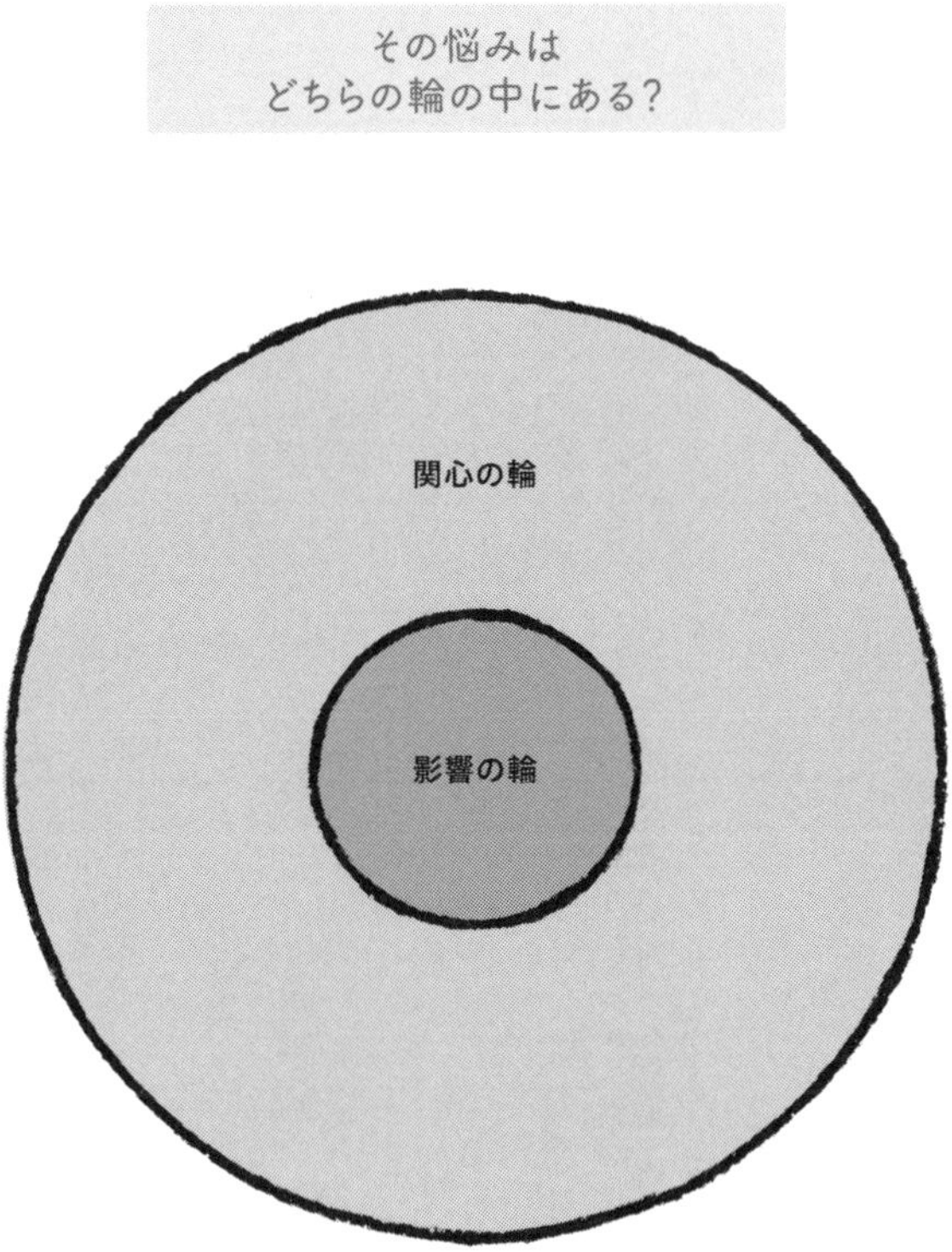

『7つの習慣』スティーブン・R・コヴィー著

「はい、いい線いってますね、山田さん。そうですよね、税率を変えるにはタナカさんが国会議員や総理大臣になる必要があります。もしくは、日本より税率の低い国に移住することです」

「あっ、確かに税率って国によって違いますよね。でも、その国の永住権や市民権を取るのも大変そうだし、ましてや、そこで職を見つけるもの難しそうですね」

「その通りです。2つの方法とも不可能ではないのですが、難易度はとても高い。こういうものを〝関心の輪〟に関する悩みと定義しています。そして、タナカさんが本当に国会議員や総理大臣になって減税法案を通したり、他の国に移住したりする場合は、その税金の悩みは〝影響の輪〟の中に入ります」

「なるほど、同じような悩みでも、どちらの輪の中の問題かで、全く次元が変わるのですね？」

「ですから、税金で悩んでるタナカさんにとって、関心の輪で悩んでいることは、行動を変えない限りは単なる悩み損なんですね」

「そうか。だとしたら、僕の部下も給料のことや他人の噂に関しても、具体的な行動がないとしたら、ただ悩むために悩んでいるだけになってしまうんだ。考えて改善の余地がある問題にフォーカスして、関心の輪に関することには悩まないほうが人生楽になるかもしれませんね」

「はい、そうやって悩みに関しても整理すると、いろいろ悩んでいることが、もしかしたら半分以下にできるかもしれません」

マスターは、僕の気づきにうなずき、さらに言った。

「私も関心の輪と影響の輪を分けて考えることができるようになってからは、以前だったら悩んでいたようなこともほとんど悩まなくなり、本当に楽になりました。もし、ネットで私の悪口を書かれていたとしても、それを消す方法がないのであれば、私はそれをわざわざ見て悩むことはしません。逆に私の影響の輪が大きくなることにより、周りの人により好影響を与えられることに関しては、努力して大きくしようとは思います。ところで、山田さんの周りには関心の輪で悩んでいる人が多くありませんか？」

「うーん、そうですね、確かに結構いるかもしれません」

そう答えながら周りの友人、知人を思い浮かべてみた。

「先ほどの選べない結果もそうですが、自分にはどうすることもできないことでも関心だけはあって、悩んでしまうんですね。昇級や昇格、税金も自分が決められることではないし、人からの評価も、良かれと思ってとった行動でも、相手がどう思うかはその人次第ですよね。もちろん努力することはできますけど」

なるほど、僕にもマスターが何を言わんとしているのかやっと理解できてきた。

「〝関心の輪と影響の輪〟は僕にも部下にも必要な話ですね。まず、僕は部下が悩んでいることについて現状の関心の輪なのか、影響の輪なのかをしっかり見極める必要がありますね。もし、関心の輪の悩みが多いのなら、そのことを教えてあげて、それらのことで悩まないように意識するか、もしくは彼の影響の輪を少しずつ大きくして、改善するように指導するか」

マスターはニコニコしながら、相づちを打ってくれている。

「そして、僕にとっては、彼に影響を及ぼせるアドバイスをすることにベストは尽くすけれども、できなかった場合は、そのことでくよくよ悩まないように意識することですね。面談のときに、手のひらに、関心の輪と影響の輪を描いていこうかな（笑）」

「山田さん、頑張ってください。応援しています」

図24　悩みを減らす５つの方法⑤

悩みを減らす5つの方法

1. ブレーキの存在を知る
2. ブレーキを踏まない覚悟をする
3. 他責にしないは100%
4. 結果は選択できないが、行動は選択できる
5. 関心の輪と影響の輪

ここまでの気づきや学びを記入してみましょう。

....

....

....

....

....

....

マスターに応援されると、さらに元気が出る気がする。

「少しだけ勇気が湧いてきました。僕の影響の輪を大きくすることもアイスバークの成長の一つなのかもしれませんね」

前回の佐藤との面談のときは、マスターから〝ブレーキの存在を知る〟〝ブレーキを踏まない覚悟をする〟という2つのことを教えてもらったばかりだった。しかし、その後、〝他責しないは100％〟〝結果は選択できないが、行動は選択できる〟〝関心の輪と影響の輪〟についても教えてもらうことができ、「悩みを減らす5つの方法」全てを知ることができた。おかげで部下との面談の厚みが増しそうな気がする。

悩みを分類し、整理してみる

もう少しだけ僕は居させてもらおうと思いながら、アイスコーヒーに口をつけて、ここまでのことを振り返って考えていた。

「そうか。僕はブレーキの存在を知り、踏まない覚悟のことを知ったけれど、結局それを知っただけで、知識を伝えるだけになってしまっていたんですね」

「そうですね。分かることとできることは全く違います。伝える人の想いや態度も大切ですからね。どこか他責にしたり、結果に執着したり、関心の輪と影響の輪が曖昧になっていれば、それが相手にも伝わってしまうんです」

「肝に銘じます」

一つひとつの考え方が深すぎて、全部を分かりきったとは言えないが、あとは行動するのみだろう。

「さて山田さん、前回のケーススタディ、覚えていますか？」

「思い出しました。音楽サークルの話ですよね」

「そうです。前回の話も含めて、5つの方法を心掛けることで、悩みを減らし、自信を持って行動できるようになると思います」

「それで、音楽サークルのメンバーの話に戻ると、ブレーキとか三叉路とか他責とか、こういうチェック項目に当てはまるような、悩みがあるんですよね？」

今日の話をまとめた図が出てきた。たった1つで整理がされてしまっている。

「ああ、こうしてみると分かりやすいですね」

「それぞれの悩みに対し、〝目的やゴールの共有〟や〝個別課題に対するコーチング〟といった皆さんが通常考える対策も無駄ではないですし、アイスバーグやブレーキの話、悩みを減らす考え方だけが有効だと言っているのではありません」

「ええ、それは分かります」

「しかし、前者の対策だけだと、そのときは本人も納得したような気にはなるのですが、根本的、本質的に自分の軸ができているわけではないので、同じような課題に直面するたびにケアや相談が必要となって、主体的、自発的な課題解決にはならないんです」

「受動的な一時的解決になりそうですもんね」

「それよりも、図のように原理原則を通して整理してみると、ずっとモチベーションが持続しますし、主体性を持って、自走できるようになるんです。個人の成長阻害要因である悩みブレーキを消して、成長は加速しますよ」

「そうか。僕自身がより多くの部下を持ったときに、こうした評価軸がないとバ

図25　音楽サークルの悩みの分類

悩みの本質は
どこにあるかを整理する

A	情熱的で、1年後の音楽大会で絶対に優勝したいと思っている。各自の悩みについてどうしたら解決できるかを悩んでいる。
B	最初は頑張っていたが、他メンバーと比べてあまり上達せず、自分は向いていないのでは？と考え、他サークルに行こうか迷っている。
C	音楽が好きで、気楽に楽しめたらいいと参加したが、優勝にこだわりが強い感じや、練習の多さにあまり馴染めない。
D	楽器のスキルが高く、練習方法の変更など強く意見を言うが、上手く伝わらない。他のメンバーが何とかならないかと不満も多い。
E	体が弱い。アルバイトが忙しい。彼女から「もっと自分との時間を取って欲しい」と言われていてサークル活動に集中できない。

図14の音楽サークルのメンバーの悩みは下記の表のように分類でき、誰に何をアドバイスすれば良いかが見えてきます。

	ブレーキ	三叉路	他責	影響の輪	行動は選択可	その他
B	✔	✔			✔	
C	✔	✔				
D	✔		✔	✔	✔	
E	✔		✔	✔	✔	

ラバラに対応して部下自身があまり自走しなくなりそうな予感がしますね。だからこそ、今のうちにこれらの原理原則に基づいた対応をすることが重要なんですね」

「はい、これは私が考える原理原則なので、あくまで参考として心に留めていただければ……」

「いやー、すごい腹落ち感でした」

心地良い疲労感があった。それとやるべきことが、まだまだたくさんあるんだなと感じている。まずは部下との月に一度の定期面談からだ。

「また長居しちゃいました。いつもありがとうございます。今度はまた別の者を連れてきます」

婚約者のことを想像しながら、僕は伝えた。

「どなたですかね？　楽しみにしております」

マスターはまた会えることを、心から楽しみに思ってくれている様子だ。だからこそ、また来たくなる。会計を済ませて、最後に1つだけ、あらためて僕はマスターに質問をした。

「マスター、最後に1つだけアドバイスいただけますか？　次の部下の面談ではおそらく退職の話も出ると思うのですが、マスターならばこの状況で、今まで教えていただいた原理原則を使ってどう話をされますか？」

マスターはしばらく考えてから切り出した。

「そうですね、その面談の中で話がどう展開するか、部下の方がどこまで山田さんの話に共感されるかなどによって変わってくるとは思います。ですが、まず大事なことは、話の持っていき方とか、会社にとっての損得より前に、その相手の方がどういう意思決定することが、その方にとって、もっとも良い人生になりそうかを原理原則に沿って真剣に考えて、しっかり向き合って話をすることだと思います。そうすれば自ずと良い方向に向かう確率は高くなると思いますし、たとえ、結果的に部下の方が退職することになったとしても、会社にも山田さんにも、部下の方にとってもポジティブな結果だったと思えるのではないでしょうか。人生の選択において、片方だけが圧倒的に正しく、片方は完全に間違っているということはないので、真剣に選択されたあとは後悔なく前に進むタイミングだと思います」

「なるほど。〝ブレーキを知る〟〝ブレーキを踏まない〟〝他責にしない〟〝行動を選択する〟そして、〝関心の輪で悩まない〟ですね。そして、〝決断したら、されたら、それを受け入れ前に進む〟ということですね。それに、アイスバーグのときに学んだように、いかにテクニックだけで部下に接するのではなく、部下の人生を真剣に考え、正しいふるまいと行動でアドバイスすることで結果の大きさも変わるということですね」

「山田さん、素晴らしい気づきですね。ぜひ、部下の方を自分の弟だと思って面談してあげてください」

確かに、他人でなく、弟と思うと、より真剣に愛情を持って考えられるかもしれない。相変わらずマスターの例えは分かりやすいし、本質的だな。

「今日もありがとうございました」

しかし、とんでもないカフェがあったもんだ。

マスターに別れを告げて、ドアを開けると生ぬるい風が入ってきた。周りの人が両手を広げて何かを確認している。雨なのか？　と思った瞬間にまたハッとした。雨が降るか降らないか、これは結果だ。しかし僕はコンビニで傘を買うか買わないか、選択をすることができる。なるほど、面白いぞ。さて、どんな行動の選択をしようか？　ネクタイを再度締め直し、気分も新たに僕は歩き出した。

部下との面談

「それで、最近はどうなんだ？」

マスターの話を聞いてから数日後、定期面談の日がやってきた。ミーティングルームに佐藤を呼び、僕は覚悟を決めて、この場に臨んだ。１００％他責にせず、関心の輪と影響の輪の境界線を明確に引き、今までの反省も伝えようと思っていた。それで全力で行動するだけ、あとは天に任せようと思った。

「山田課長から言われたブレーキのこと、正直あのときはよく分かっていなかったのですが、いろいろなことがあってよく分かるようになってきました」

意外にも佐藤から話を切り出してきた。何か心境に変化があったらしい。

「何かあったのか？」

「はい。正直に申しますと、あれから転職活動をしていまして、候補の数社と具体的な話をしたんです。具体的な話になるとやはり帯に短し襷に長しで、自分の理想に近いものではありませんでした。それと、人事の方たちと話をして『佐藤さんは、現在の会社に不満をお持ちのようですが、おそらく、弊社に入社いただいても不満な点は出てくると思います。そうなっても佐藤さんは転職せずに弊社で頑張っていただけますか？』といった質問をされたんですよね。そこで課長がおっしゃっていたブレーキを踏んでいることを思い出したんです。転職しても結局ブレーキを踏まない覚悟が必要なんだと」

「そうだったのか。しっかりと受け止め、真剣に考えてくれてありがとう」

「でもだからといって、ここに勤めていていろいろな問題や妻の指摘が変わるというわけではないですし……。転職が全てを解決してくれるものでないことは分かったんですが、結局どうすればよいのか。正直悩んでいます」

「なるほど、佐藤の気持ちもよく分かるよ。ここから少し僕に話させてほしいんだ。最近学んだ話で、きっと佐藤の今後のためにも役に立つ話だと思うから」

「はい、ぜひ聞かせてください」

以前はやや反抗的な感じだった佐藤が、すごく素直になったことに少し驚いた。多分僕がいつもの威圧的な態度ではなかったのと、いろいろ悩んで少しでも解決の糸口を見つけたい気持ちがそうさせているのかもしれない。

僕はそれから、マスターから学んだことを、なるべく押しつけや断定的にならないように気をつけつつ、佐藤の悩みが減り、好ましい意思決定ができるようにと想いを込めて真剣に話をした。また、一方的に話をするのでなく、マスターほどうまくないものの質問も織り交ぜて、佐藤が自分事として考えられる工夫もできる限りしてみた。

いつもなら「でも……」や「そうはいっても……」的な返しの多かった佐藤が、僕の質問にも素直に、前向きに答えてくれることがうれしく、同時に今までの自分の上司としての未熟さに恥ずかしさも感じた。一通り、マスターから教わった考えにプラスした自分の気づき、学び、想いを話し終えたあとに、僕はどうしても付け加えたかった言葉を続けた。

「実は佐藤に謝りたいことがあったんだ」

「え？」

「この前、佐藤にはブレーキを踏んでいて、そのブレーキを踏まない覚悟をすることだって伝えただろう？」

「はい」

「実は、僕もブレーキを踏んでいたと思うんだ。佐藤が退職を考えていることに対して、どう対応すればいいんだと、躊躇してしまっていた。正直、お前のせいにしていたところもあったよ。そんなふうに他責にしてブレーキを踏んでいた。そして全力で佐藤の将来に向き合えていなかったんだ」

「……そうだったんですね」

「僕も最初はそんな状態だったけれど、さっき話した原理原則の話を聞く機会を得て、いろいろな気づきや学びがあったんだ。もっと他責にしないで佐藤やチームと向き合って、みんなの成長を真剣に考え行動すべきだったと反省している。課長として力不足で申し訳なかった。でも、まだいろいろとやれることは残っていると思うから、佐藤がこのまま辞めてしまうのは残念でしかたない。佐藤もまだ悩みは尽きないだろうけど、僕もこれからもっと頑張るから、この会社でもう一度、一緒にやってくれたらうれしい」

今までのように結果にとらわれることなく、自分でも驚くほど素直に言葉が出た。今まで見せたことがない僕の姿に佐藤はビックリしている様子だった。少し時間が空いて、佐藤は答えた。

「ありがとうございます。自分のことをそんなに真剣に考えてくださっていたんですね。それに山田課長も悩まれていたんですね。今日、山田課長からいろいろお話を聞いて自分も反省や気づきがたくさんありました。自分の今までの人生の中でずいぶん勘違いしていたなと。それに、悩みを減らす考え方を教えていただいて、気持ちも楽になった気がします」

今日僕は、本音で魂を込めて話した。それで辞められても仕方ないと覚悟を決めていたので、佐藤の反応には驚きを隠せなかった。

「そっ、そうか、佐藤。それは良かった。原理原則や本質が分かると今までとは違う視点で考えることができて、そこまで深刻に悩まなくともいいんじゃないかと思えたんだ」

「はい、少し理解できます。もちろん、まだ完全ではないですが、もう少しブレーキを踏まずに頑張ってみてもいいかなと思えてきました」

「うん、佐藤、それがいいよ。僕もブレーキを踏まずに頑張るから、一緒に頑張ってみよう！　お互い他責にしないで、自分の人生のオーナーシップを持って」

「はい、まだ完璧な自信はありませんが、誰かのせいで自分が損をしているとか考えずに少し頑張ってみようと思います」

　内心、こんな結果になったことにビックリしたが、ここから佐藤と共にスタートラインに立ったような感覚を覚えた。これが結果を意識せずに、行動のみにフォーカスするということなんだと思った。そして、今回はより良い結果だったけれど、例えば、佐藤が退職を決意するといった違う結果になっていたとしても、僕は後悔せずに次に進めたのではないかと思った。

＊　　＊　　＊

　その後、佐藤はつきものが落ちたかのように日々の仕事に打ち込み、それに比例するように成果もぐんぐん上がっていった。上司の僕にとっても頼りになるチームのメンバーであり、部下からも慕われるリーダーへと成長していった。そんなふうに、紆余曲折を経て、佐藤が同期の出世頭となっていく話は、まだ誰も知らない。

図26　第2章ふりかえり

第2章に出てきた図やイラストをもう一度見て、
気づきや学びをふりかえってみましょう。

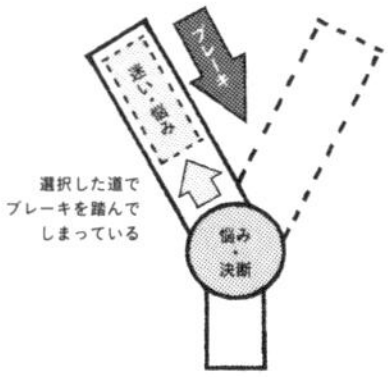

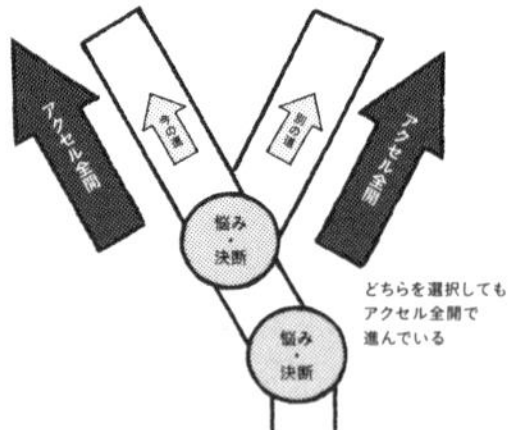

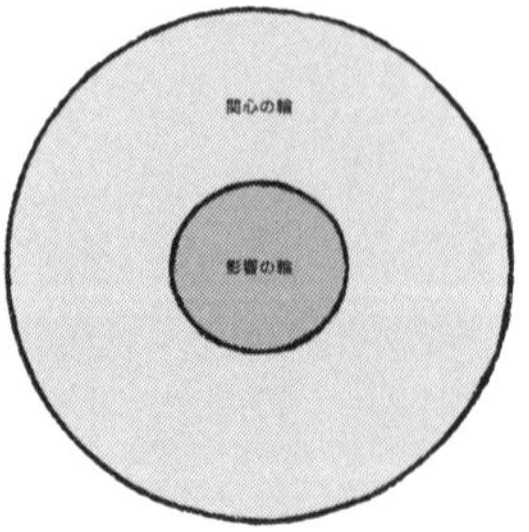

悩みを減らす5つの方法

1. ブレーキの存在を知る
2. ブレーキを踏まない覚悟をする
3. 他責にしないは100%
4. 結果は選択できないが、
   行動は選択できる
5. 関心の輪と影響の輪

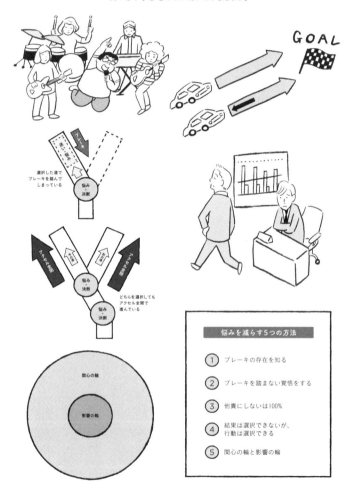

第3章

成長を阻害する
2つ目のブレーキ

人間関係の悩み

秋雨がしとしとと続く中秋にあって、珍しくカラッと晴れた日の午後。しかも土曜日という休日、気分も晴れやかだ。今日はマスターに話したいことがあり、婚約者と少し遅めのランチを済ませたあと、一緒にマスターの店の扉を開けた。

「山田さん、こんにちは。いい天気ですね」

「こんにちはマスター」

「どうぞ、お二人ともおかけください」

カウンターにかけて、僕はアイスコーヒーを、彼女はカフェラテを注文した。

「ご紹介が遅れました。婚約者の知美です」

「初めまして、知美です。マスターのお話、いつも武史から聞いていて、今日はお会いできるのをとても楽しみにしていました。それと、マスターのおかげで、彼かなり変わってきてるんですよ」

知美が軽くお辞儀をすると、ショートボブの黒髪が揺れた。ぱっちりとした二重の目と、目の横にできる笑いジワが愛らしいと、僕は思っている。

「本当ですか。それは素晴らしいですね。ちなみに、どんなところが？」

「一番は、私の話をよく聞くようになったところです。以前はスマホを見ながら私の話を聞いたり、話の途中でいきなり遮ったりしていましたから。最近は、真剣に話を聞いてくれています。それで、どうして変わったのか私も気になっちゃって」

「おいおい、恥ずかしいなぁ。そんな最初から暴露しないでくれよ」

マスターは笑いながらアイスコーヒーとカフェラテを出してくれた。

「それで、今日なんですが……彼女が会社の人間関係で少し悩んでいたので、マスターに紹介がてら、アドバイスをいただければと思って来ちゃいました」

「そうなんですね。承知しました、お力になれるか分かりませんが、私でよければお話しください。ただ、今、別のお客様の相談も受けていまして、そちらがもう少しで終わりますから、それまでの間、山田さんがここまで学んできた話を知美さんにもしてあげていただけますか？」

断片的に彼女にはここまでの話をしてはいたが、確かに全体をストーリーとして話してはいなかったのでちょうどよかった。それに、ただ聞くだけのインプットよりも、人に伝えるアウトプットをすることは、自分の学びや気づきをより深いものにしてくれるので、常に意識して行ったほうがいいと思った。

「はい、分かりました。マスター引っ張りだこですね（笑）。こちらは気にせず、ゆっくり相談に乗ってあげてください」

「少しでもお役に立てるのであれば本望です」

そう言ってマスターは他のお客さんとの会話に向かった。いつも思うけど、こんなにメンタリングをしてもらって、本当にコーヒー代だけで、良いのだろうか？

「それじゃ、マスターから学んだこと、しっかり私にも教えてね」

知美は目をらんらんと輝かせている。僕は一通り、アイスバーグの成長から、成長を阻害する悩みブレーキの各要因まで、自分が理解している限りを話した。

「そうかぁ、断片的には人から聞いたり、本に書いてあったりしたこともあったけど、こんなにしっかり全てのことが繋がっていて、素直に受け入れられそうな話は今までなかったわ。腑に落ちるってこういうことを言うんだろうね。武史が何かをつかんで、意識や行動が少しずつ変わっているのも、なるほどなって感じがしたよ」

「そう？」

僕は少し照れてしまう。

「本当に気づきが多かったけれど、私の今回の悩みは、アイスバーグやブレーキのどの話にも当てはまらない感じなの？」

「そうなんだよ。僕も今まで学んだことで、なんとかお前の悩みを解決できればと考えたんだけど、どれもうまく当てはまらなかったんだ。だからまだマスターから学び切れてない項目があるんじゃないかと思って、知美を連れてきてあげたんだ」

「……そっか」

「あれ、どうかした？」

「さっきのマスターへの相談の仕方もそうだけど、あなたって最後の最後で〝俺がやってあげた感〟出すよね。私も感謝しているんだから、そんなふうにしなくたっていいのに」

「えっ……。でも、そういうお前だって、何回もマスターの話をしていたのに、ようやく重い腰をあげたんじゃん。ずっとモヤモヤ悩んでいたんだから、チャンスはいくらでもあったのに。まぁ、今日来られたからいいんだけどさ」

少し気まずいムードになった。僕たちカップルには、こういうやり取りがなぜかよく起こってしまう。このことに関しては一向に改善せず、平行線のままだ。なぜなんだろう？

マスターが戻ってきた。

「お待たせしました。知美さん、一通りお話は聞けましたか？」

「はい、全部ではありませんが、私なりに気づきが多かったです。彼が変わってきている理由も理解できました」

「それはうれしい限りですね。それで、本日はどうなさいました？」

「実は、彼女が周りの人間関係で、ずっと悩んでいるんです。上司は自分勝手で、後輩は……」

「武史、私が喋るから」

知美は少しトゲのある口調で、僕を制した。マスターは二人を見ながら、相変わらずにこやかに聞いている。

「職場の上司と後輩との関係、あと友人関係でも悩んでいるんです。私、営業サポートの仕事をしているのですが、上司は自分の出世しか考えていないような人で、チームの成果を自分のものにするような感じなんです。仕事はできる人なんですが、組織で働いているのに、個人主義って感じで」

「そうなんですか」

「それに新人の後輩は、何でも私に聞いてくるんです。指示が出されたあとの仕事は丁寧なんですが、いつも指示を私に求めてくるんですよね。この前なんて、『ハンコはここに押せばいいですか?』って。『印鑑欄って枠があるんだから、そこしかないでしょ!』って。さすがにイラッとしてしまって」

「それは少し度を越してますね（笑）」

「そうなんです! それと、もう一人いまして。高校時代から仲のいい友人で、すごくいい子なんですけど、ちょっと意見が食い違うと、すぐにシュンとなっちゃって。私はただ思っていることを伝えたいだけなのに、勝手に悩んじゃうんですよね」

知美は言いたいことを言い切れたらしく、清々しい様子だ。

「そうだったんですか。それで山田さんは、どんなアドバイスをされたんですか？」

ようやく僕の出番だ。

「はい。今までマスターから教わった、悩みブレーキの話をしたんです。ブレーキを踏んでいる自覚とか、他責にしないは100％とか、結果は選択できないけど、行動は選択できることとか」

「知美さんはその話を聞いてみていかがでしたか？」

「私自身、他責にしていたところがあったなと思いまして、彼女たちが変わる結果を期待するのではなくて、自分で行動を選択しようと思えました。なので、おかげさまで、そこの切り替えは意識ができました。ですが、彼女たちのブレーキは一体何なんだろうというのが、分からないんです。分からないまま、ずっと自分だけ頑張るのも、正直疲れるなぁ、とも思ってしまいます」

「なるほど。山田さんは、何か他に話しておきたいことは、ありますか？」

マスターがスムーズにファシリテートをしてくれるから話しやすい。

「今回のケースも、彼らに何らかのブレーキがあり、それが周りとの関係を悪くしているんじゃないかとは思っています。今までマスターに伺った内容は、次の行動や選択を悩んでいる人に適切だと思うんです。でも今回は、彼ら自身が悩んでいるというより『いい大人なんだからしっかりしろよ』とでも言いたくなるような話なので、ちょっと違う感じなんですよね……」

うーん、感覚的だなぁ。もっと課題抽出や正確な状況把握ができたらいいんだけど。マスターは、微笑みながら1枚のシートを取り出し、二人の真ん中に置いた。

「これが、あなたが言っていた、〝いつものやつ〟ね！」

知美は楽しそうに、シートに目を移した。

もうひとつの音楽サークル

「では知美さん、読んでくださいますか？」

「えっと、大学で仲間5人が集まり、音楽サークルを結成しました。リーダーは

Ｆさん（あなた）が立候補し、メンバーで協議の上、Ｆさんに決定しました。１年後にある音楽大会で優勝するために、日々練習しています。ただし、各メンバーがそれぞれ課題を抱えていて、実際、思うように成果も出ていません。彼らの課題が何で、なぜそうなってしまうか考えてみましょう」

F　情熱的で、１年後の音楽大会で絶対に優勝したいと思っている。各自の課題についてどうしたら解決できるかがチームの課題と考えている。

G　チームの優勝に興味がなく、自分が上達してプロになって、お金を稼ぎたいと考えている。他の人が困っていても助けようとしない。

H　いつも自分が正しいと考えており、議論になっても自分の主張を変えることがない。他のメンバーの力がないと考えている。

I　小さい頃のトラウマからか、少し厳しく注意されると、過剰に反応してしまう。その場しのぎの言い訳や意見を言ってしまう。

J　優柔不断で自分の意見や考えがあまりない。人の意見に左右されて行動に一貫性が感じられず、人の指示待ちが多い。

図27　もうひとつの音楽サークル

大学で仲間5人が集まり、音楽サークルを結成しました。リーダーはFさん（あなた）が立候補し、メンバーで協議の上、Fさんに決定しました。1年後にある音楽大会で優勝するために、日々練習しています。ただし、各メンバーがそれぞれ課題を抱えていて、実際、思うように成果も出ていません。彼らの課題が何で、なぜそうなってしまうか考えてみましょう。

F	情熱的で、1年後の音楽大会で絶対に優勝したいと思っている。各自の課題についてどうしたら解決できるかがチームの課題と考えている。
G	チームの優勝に興味がなく、自分が上達してプロになって、お金を稼ぎたいと考えている。他の人が困っていても助けようとしない。
H	いつも自分が正しいと考えており、議論になっても自分の主張を変えることがない。他のメンバーの力がないと考えている。
I	小さい頃のトラウマからか、少し厳しく注意されると、過剰に反応してしまう。その場しのぎの言い訳や意見を言ってしまう。
J	優柔不断で自分の意見や考えがあまりない。人の意見に左右されて行動に一貫性が感じられず、人の指示待ちが多い。

「せっかくお二人で来てくださったので、まず、お二人でこのケーススタディをやっていただいてもよろしいですか？」

「面白そうですね！　やってみます」

ここに来るまで悩んでいたのが嘘のように、彼女はとても積極的になっていた。

「では、私は少し失礼しますね」

マスターは洗い物を済ませに、洗い場へ戻っていった。

「なんかさっき話していた私の上司とか後輩みたいね」

さっそく知美が口火を切った。

「うん、そうだね。さて、彼らの課題が一体何で、なぜそうなってしまうのか……。そもそもチームに興味や関心がなさそうだよな」

「お互いにコミュニケーションが不足してそう。相手のことも理解していないし、自分のことも分かってなさそうよね」

「確かに、みんな独りよがりな感じがする。チームのゴールや、問題解決に向かっていないし、自分の気持ちを優先させている感じだな」

「どうして彼らはこういう行動をするのかしら？」

彼らの課題は何で、なぜそうなってしまうのでしょうか？

「うーん、お互いに信頼し合えていなくて、みんな自己中だから？」

「じゃあお互いに信頼し合えて、組織のゴールが共有できて、コミュニケーションの循環が生まれたら、この問題って解決できるのかしら？」

鋭く知美が質問してくる。確かにお互いのコミュニケーション不足やゴールの共通認識は大切だけど、それだけが課題ではないような気がする。

「一体、このようになっている原因は何かだよね」

僕はあらためて今回の質問と向き合った。

「そうそう。何が解消されたら、問題が解決されるのかしら？　マスターが教えてくださった内容で考えてみましょうか。彼らはアイスバーグのバランスはあまり良くないわね。でも、バランスが悪いことを、どう解決したらいいのかな？

悩みブレーキを踏んでいるようにはあまり見えないわ」

「うーん、今まで学んだことだけでは解決できない新たなものが関係しているのか…」

すっかり悩んでしまっていた二人のところに、一時的にマスターが戻ってきた。

「いかがですか？　本質的な課題は分かりましたか？」

「いえ、まだ……。彼ら一人ひとりは、自己中だったり、優柔不断だったり、トラウマっぽかったり、という書かれている課題は分かるんですが、その本質的な課題は分かっていません」

僕がそう伝えると、彼女も続けて話す。

「組織の方向性の共有とかコミュニケーション不足とかの話をしましたけど、これが解決されても根本的な解決はされないのではという話になりまして。それで、原因を探っていたんですが、はっきりした共通点が見当たらない感じです」

2つ目のブレーキ

「かなり本質に近い議論をされていますね。お二人とも素晴らしいです。すごく情報が多いので、これをどうまとめていくのか、苦労されましたよね」

マスターに褒められるとまんざらでもない。

「それでは、ちょっとヒントを出しますね。実は彼らには共通の◯◯ブレーキがあるんです。悩みブレーキではない、別のブレーキ。その◯◯を考えてみてください」

「えっ、彼らにも共通のブレーキが？」

二人は一瞬ポカンとなった。

「5分ほどで戻りますね」

そう言ってマスターはまた、席を外した。

「そうか、アイスバーグの成長を阻害するブレーキって、悩みブレーキだけでなく、もう1つあったということか」

「Fリーダー以外の4人のメンバーの成長も、そのブレーキが阻害要因になっているのね」

「◯◯ブレーキか、何だろう。自己中ブレーキ？　甘えブレーキとか？」

「難しいわね。自分の壁ブレーキ、自尊心ブレーキかな」

「どれも、ピッタリ、なるほどってはならないような……」

「クイズ番組に出ているみたいね（笑）」

完全に答えに詰まってしまっていたら、マスターがまた戻ってきた。

「いかがでしょうか？　何ブレーキか答えは出ましたか？」

「いや、何個か出ましたが、煮詰まっている状態です」

出た候補を紙に書いていたものをマスターに見せながら降参宣言をした。

「お二人の答え、いい感じではありますよ。この○○ブレーキは私が名付けたので、正解、不正解があるわけではないんですが、私はこう名付けました……」

二人はカウンターから前のめりに、マスターに向かって体を乗り出した。マスターはにこやかに、静かな声で言った。

「それは、〝大きな子供ブレーキ〟です」

僕と知美は、二人で目を合わせた。

大きな子供とは

「なるほどですね。彼らは全く別々の課題を抱えていたと思ったので、1つの言葉で括ることはできないのではないかと感じていたんですが、〝大きな子供〟なら、まだなんとなくではありますが、1つに収まるような気もします」

「はい、山田さん、そうなんです。彼らは当然、大人なんですが、実は彼らの中には大きな子供がいるんです」

マスターは1枚の紙を出して続けた。

「彼らの特徴をまとめると、自己中心的、他者を理解しない、好ましくない執着がある、トラウマに影響されている、正しい軸がない、となると思います」

「確かに」

二人はうなずいた。

「これって、小さな子供の特徴と同じじゃないですか？」

図28　大きな子供

大人の中にいる
“大きな子供”の特徴とは？

- 自己中心的
- 他者を理解しない
- 好ましくないプライド、執着
- トラウマに影響され過ぎている
- 正しい軸がない

「そうですね。私には姉の子供、甥っ子たちがいますが、駄々をこねているときや喧嘩しているときって、まさにここに書いてあるような状態ですね」

知美が笑いながら答えた。

「子供が中にいるんですか？」

「はい、彼らは見た目は立派な大人なんですが、感情のある部分がまだ子供のままで、普通の大人同士のコミュニケーションでは出ない態度や行動が出ているんです」

「そう言われれば、GさんやHさんの周りのことを考えない自己中心的な考え方や態度は、わがままな子供の行動って思うと納得ですね。それにHさんのようなお山の大将とは逆に、IさんJさんのような内気でおとなしいタイプや怒られるとつい嘘をついてしまう子供もいますよね」

「その通りです。この『大きな子供理論』で見てみると、世の中の〝なぜあの人はあんな行動をしてしまうのか現象〟もかなり理解できませんか？」

「なるほど、確かに僕たちの周りにもそういう人たちは結構いるかもしれません」

僕は今までの人生を振り返って嫌な思いをしたことを思い返して、その人たち

図29　大きな子供ブレーキ

の行動が今回のケースに当てはまることに腹落ちしていた。

「あのね、実は言いづらかったんだけど、このHさんって、あなたに少し似てるなって思っていたの」

いきなり自分に振られて僕はギクッとした。確かにさっきも、知美が自己解決する力がないと思い込んで、自分がなんとかしてやろうとして頑固になっていたかもしれない。しかし、そうはっきり言われるとどうも抵抗したくなる。

「いやいや。そんなことないでしょ。お前がいつもこのケースのJさんみたく、優柔不断だからそうなってんじゃん。どれだけ僕が気を使っているか分かってるの？」

この際、言いにくいことだけど言ってしまおうと思い、彼女に伝えた。

「山田さん。知美さんも多少優柔不断なところがあるのかもしれませんが、それと知美さんの今の指摘は、全く関係ないですよ。もしかしたら、ご自身でも指摘されたことに対する自覚があり、それをはっきり言われたので強く反応してしまったんじゃないですか？」

珍しくマスターがキツめの口調で諭した。

「うっ……。すみません、そうかもしれません……」

　僕はグウの音も出なかった。

「確かに私、優柔不断なところがあると思う。面と向かって言われるとショックだけど、自信が持てないときが多いかも。マスター、周りにというか、私たちもまさにそうでした」

　と、黙っている僕の横で、知美が言った。

「お二人はちゃんとお互いにストレートに言い合える、良い関係ですね」

　マスターはいつもに増して笑顔が柔らかい。僕は自分に大きな子供ブレーキがあったことにビックリした。

「お二人だけなく、皆さん大なり小なり〝大きな子供ブレーキ〟を持っていると思います。それが仕事の中で出てしまうと、悪影響を与えていることが多いですよね。もちろん、夫婦関係でも」

　うんうんと、僕と知美は力強く首を縦にふった。

「そうかぁ。どうしてあなたはいつも、〝俺がやってやった風〟になっちゃうのかなって思っていたけど、大きな子供が顔を出すからだったのね」

「そうだね。お互いに、それがあったんだね。これはきっと部下や上司などの会社の人間関係にも当てはまりそうだなぁ」

「あっ、私が悩んでたこと……。上司や同僚、友達のことって、彼らや彼女の大きな子供の部分に起因してそうね」

「はい、その可能性が高いと思い、先ほどのケーススタディをやっていただいたんです」

ブレーキの外し方

ほんのちょっと知美の悩みを聞いただけなのに、マスターって何でもお見通しなんだな。僕はアイスコーヒーのおかわりをして、知美はホットココアを注文した。マスターが背を向けて準備している間に、ぼーっと窓の外を眺めながら考えていた。大きな子供ブレーキかぁ。

「また考えごとでしょ？」

街の風景と僕の間に彼女がひょっこり顔を出す。

「うん、大きな子供ブレーキさ、僕にも知美にもあるってことが分かったじゃん」

「そうだね。それだけで、すごく大きい」

「もちろん。ただ、この大きな子供ブレーキは、いつまでも変わらずにあるものなのかな？　外せるようになれば、仕事でもよりアクセル踏めるよなって思って」

「マスター、そこはどうなんでしょう？」

「この話は深掘りすると延々とできてしまうので多くを語りませんが、改善する道はちゃんとありますよ」

背中で二人の話を聞いていたマスターは、準備できたそれぞれの飲み物をカウンターに置き、続けてこう話した。

「まずは、自分や相手の中の大きな子供の存在を認識できましたね。その認識だけでも重要なのです。山田さんに最初の頃にお話しした、悩みブレーキもその存在を認識することで、次の悩みブレーキを踏まないステップに進めましたよね」

「あっ、そうでした」

「そして、次は、その大きな子供を育てて、大きな大人にする意識を持つことが大事です」

「大きな大人に育てる……。うーん、分かったような、分からないような。もう少し詳しく教えていただけませんか？」

「例えば、小さい頃に子犬に噛まれた経験があり、それがトラウマで子犬がやってきたら、すごく怖がってしまう人っていますよね。山田さんならその人に、どんなアドバイスをしますか？」

「まずその人に自覚をさせますかね。昔はあなたも小さい子供だったから、子犬でも大きくて怖かったかもしれないけど、今はもう大きな大人なんだから、まったく大丈夫だよねって。子犬を蹴飛ばすことさえできるでしょって」

「そうですね、そんなふうに、もう自分は子供のときの自分じゃない。大人になったんだと自覚をさせてあげることなんです。もちろん、トラウマにまでなってしまっているので理屈で分かってもすぐ反応しなくなるわけではないのですが。それでも、自分の反応は大きな子供が原因であることを自覚し、その改善を周囲も応援してくれていることが分かると少しずつ変化していきます」

「なるほど」

「ということは、私は彼に対して、『もう周りは何もできない人じゃないんだから、解決能力がないと思わないで、信頼してあげる余裕を持ったら？』と伝えれば良いんでしょうか？」

知美が口を挟んでくる。発言にウッとくるが、抵抗がある時点で僕の中の大きな子供ブレーキが発動しているのだろう。

「そうですね、自分自身で大きな子供を自覚して、その改善をすることはそう簡単ではありません。ですから、自分だけでなく、周囲の人も、その人の育ての親のように、その人の大きな子供に対して愛情を持って育ててあげる、応援してあげることによって、お互い様でみんなの大きな子供が大人になっていくと私は考えています」

「なるほどー、それが大きな子供を育てて大きな大人にするということなのですね」

さっきまでの謎が大分解明された気分だ。

「さらに、自信過剰や自己中心的な大きな子供が現れている人に対しては、自覚を促すために、少し強めに、その人の長い鼻を折ってあげることも必要な場合がありますか？」

「長い鼻を折るんですか？　恨まれたり、喧嘩になったりしませんか？」

「もちろん、多少のリスクはありますから細心の注意は必要です。でも、しっかりした信頼関係の構築や、その人に対して愛情を持って本気で行えば、その想いは伝わりやすいと思いますよ」

「あっ、さっき珍しくマスターから強めに諭されたのが、もしかしたらそれですか？」

　僕はそう言って少し気恥ずかしくなった。

「すみません、言い過ぎましたか？」

「とんでもないです、マスターの愛情を十分感じました（笑）。こちらこそ、子供ですみません。確かに、大きな子供ですもんね。子供の頃からずっとあるから、時間はかかりそうですが、愛情を持って何回か鼻を折られたら少しずつでも変わりそうな気がします」

　マスターは、注文の入ったコーヒーを淹れながら続けた。

図30　負の感情

「それと、このブレーキが発動すると、どうしても負の感情に振り回されてしまうんです。負の感情とは、怒りや恐れ、見栄や自己顕示などです。負の感情にコントロールされた人は、全体視点で考えられず、論理的な判断や行動ができなくなります。結果、仲間が離れ、リーダーであれば部下がついてこなくなってしまいます。負の感情をコントロールできることは、成長するための大きな要素であり、リーダーシップにも大変重要なことなのです」

上司の鼻を折るなんて

振り返ってみれば、自分もチームメンバーに対して「お前にはできないんだから、僕がやってやる！」といった大きな子供の部分を出して接していたところがあるような気がする。うーん、今日も順調に深く胸に刺さるなぁ。

「でもマスター、大きな子供ブレーキを外すことって自分も相手も相当エネルギーを使いますし、外れるかどうか分からないところもあるじゃないですか。そういった場合はどのように対応すればいいんでしょう？」

隣で聞きながら考えていた知美が尋ねた。仕事のことを想像しての質問だろう。

「そうですね、自分の悩みブレーキや大きな子供ブレーキを外すのも簡単ではありませんが、他人のブレーキを外すのはさらに難しいので、必ずできると考える必要はないと思います。そこは〝結果は選択できないが、行動は選択できる〟でいいと思います」

「あっ、こういう場面でその考え方を使えばいいんですね！」

まさに習うより慣れろだな、と納得した。

「はい、ブレーキを外すという結果ではなく、その人が少しでも気づきを得るためのサポートにフォーカスしましょう」

「分かりました。ただ、もう少し具体的に教えていただきたいです。例えば上司の長い鼻を折るなんてこと、すごく高度な技術だと思いますし（笑）」

知美も、マスターとの会話を楽しんでいるようだ。マスターは、知美の言葉にうなずきながら、カウンターの下から1枚の紙を出してきた。

「これは最初にお伝えすべきだったかもしれませんが、大きな子供の育成を考える場合、難易度4パターンの図があるので説明させてください」

「難易度4パターンですか？」

本当にマスターはいろんな例えとか図式化が得意だなあと感心してしまう。

「説明だけでは分かりづらいのでこの図を作ってみました」

マスターはそう言って、お得意の図の説明を始めた。

育成の難易度

「この図は、円の外側にいくほど、あなたが大きな子供を育てるのが難しくなることを表しています。以前お話をした、〝関心の輪と影響の輪〟で言うと、自分の大きな子供ブレーキも育てるのは簡単ではありませんが、他者に比べれば育てられる可能性は高いので影響の輪で、最も外側の取引先や他人の子供ブレーキはほぼ変えられないので関心の輪、その間の部下や上司、家族はその中間のボーダー（境界）となりますね」

確かに、この前一人で来たときに見せてもらった〝関心の輪と影響の輪〟の図に似ている。それをさらに細かくした感じか。

「知美さんの悩みの対象が誰かによって、ブレーキを外すサポートの努力をすべきかどうかを冷静に考えてみてください。それから行動に移したほうが、効果の度合いや、上手くいかなかったときの落胆回避にもなると思います。ここまで、私が一方的に話をしてしまった気がするので、どうでしょう？　また、お二人でこの図についてお話されてみませんか？」

「あ、はい。やってみます！」

自分たちで話すことで、より理解を深めるコツをつかめてきた気がするのと、話すことによって知美とより相互理解が深められるチャンスだとも思えてきた。

「この図、すごい納得だなぁ。自分の大きな子供ブレーキを見つけて向き合うことだけでも大変だもんね」

知美が口火を切った。

「確かに、なかなか言いづらいことだね。知美にはさっき言わせてもらったけど、これからも何かあれば伝えていきたいと思ってるよ」

「私たちはこれから夫婦になるんだし、お互いに愛情を持って、伝え合うことをしていきましょう」

「まぁ難しいけれど、時間をかけてお互いに大きな子供を育て合うしかないよな」

「うん。で、問題は部下よね？」

「仕事上の関係なら、部下が一番イージーモードではあるけれど、それでも、大きな子供を育てることは、骨の折れる作業ではあるよね」

「うんうん、ここで言うボーダーゾーンAって、一見簡単そうに見えるけれど、そもそもすごく慎重にやらないといけない気がするわ」

「だとすると、その先の上司や同僚なんてさらにハードじゃないか？『〝結果は選択できないけど、行動は選択できる〟でいい』ってマスターは言っていたけれど、どうやって向き合っていけばいいんだろう？　うーん。あっ、だから落胆回避って言っていたのか」

マスターがテーブル席を片付けながら、少し笑ったように見えた。

図31　大きな子供育成の難易度４段階

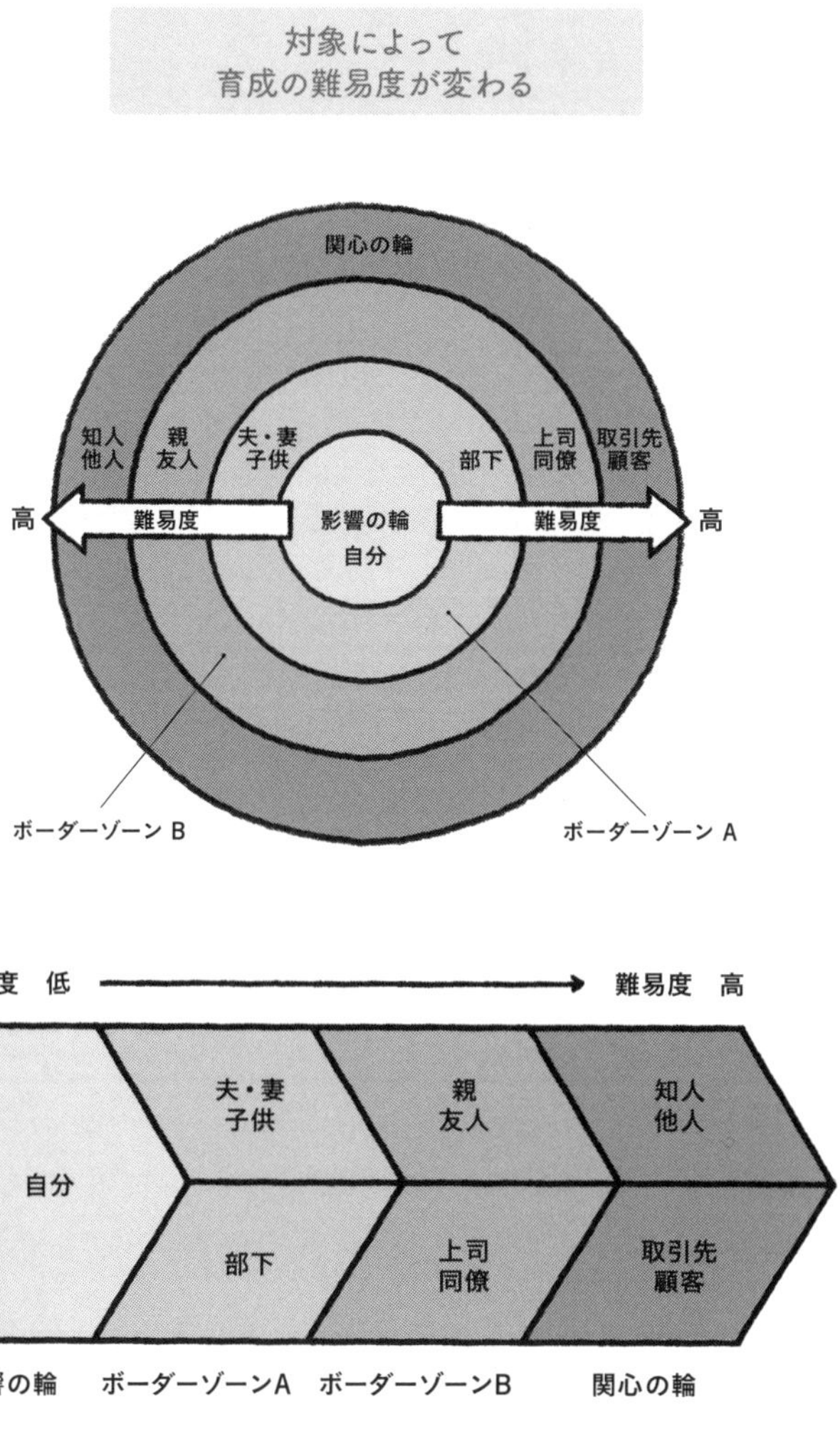

「どういうこと？」

知美はのぞき込むように僕を見ている。

「ボーダーゾーンB以降に変化を促すことって、本当に難しいじゃん？　でもこういった図や大きな子供ブレーキの存在が分からなければ、そんな上司に振り回されちゃうよね」

「そうね。私、振り回されてたもん」

「だから『あぁ、そういう人がいるんだな』と理解しておくだけで、自分の心の負担が減ると思わない？」

「なるほどね。かなり減るし、それによって自分自身の対応も落ち着いてできそうね。そうか、その意味で〝結果は選択できないけど、行動は選択できる〟なのね！」

「その通りです。お二人とも、素晴らしい気づきですね」

マスターが戻ってきた。

「マスターが見せてくれた図が分かりやすかったから、今回は特にスムーズでした」

得意気に僕は話した。

「それは良かったです。先程もお伝えしましたが、この大きな子供ブレーキは、他人のブレーキを外すのはさらに難しいので、必ずできると考える必要はありません。ですが、相手を理解しておくだけでも、全然モヤモヤが違いますよね」

「そうですね。この図のおかげで、これからどうやっていろいろな人と接すればいいかの指針が見えた気がします。あとは行動するだけですね。マスター、ありがとうございました」

知美も仕事上の人間関係の問題が、大分クリアになったようで喜んでいる。

「これでアイスバーグの成長を阻害する2つのブレーキが見えましたね」

マスターがさらりと言った。僕の頭の中に、初めてお店を訪れたときに見せられた『成長の地図』がパッと浮かび上がった。

「あの逆行する矢印は、このことだったのか！」

「ん、なになに？」

知美が不思議そうにしている。マスターは真意が分かったらしく、うれしそうに笑っていた。

「マスター、いつもありがとうございます。また長居してしまいました。今日はこのへんで失礼します」

「あぁ、ちょっと待ってください。こちらをどうぞ。ささやかながらお土産です」

マスターから手渡された箱を開けると、シュークリームが入っていた。皮がパリッとしていて、中身のとろとろ感を想像すると、すごくおいしそうだ。

「わぁ！　すみません、お気遣いいただいて。本当にありがとうございました！　これからも彼をよろしくお願いします」

知美も上機嫌だ。

「はい。お互いが大きな子供ブレーキについて学んだことで、これからのコミュニケーションも変わってくると思います。原理原則を知って、大きな大人を育ててくださいね。そして、より素晴らしい家族を築いてくださいね」

心からの祝福をいただき、本当にうれしかった。

「マスター、ありがとうございました。シュークリームももちろんですが、このお話が僕たち二人の何よりの宝物です」

「そう言ってくだされば嬉しいです。実は、まだとっておきが残っていますからね」

とっておき？　一体何なんだろう？

「また来ます」

そう言って、僕たちは店を出た。

＊　＊　＊

「なんかさ、私も誤解してたよ」

家までの帰り道で、知美がつぶやいた。

「え、どういうこと？」

「あなたがね、『お前のためだ』と言うたびに、私は自分が優柔不断だからダメなのかなって思っていたんだよね。でも、あなたの大きな子供ブレーキが発動していたんだなって思ったら、私、もっと自分らしく選択して良いんだって思えたよ」

「そっか。僕も、そんなにお前のことや周りのことを心配して、自分ばかりが頑張らなくてもいいのかもしれない」

「そうそう、きっとそうだよ。これ、まだまだ〝子供〟が出てくると思うから、一緒に会話しながらお互いに、大きな〝大人〟になっていこうね。それと……」

「それと？」

「会社の先輩とか後輩とか、友人のこと、また相談してもいい？」

「うん、一緒に解決していこう。今度は優柔不断にならずに、自分の選択に自信を持ってやってみるのが良いと思う。応援するからさ」

知美はうれしそうに、僕を見て、また手を繋いだ。

図32　第3章ふりかえり

第3章に出てきた図やイラストをもう一度見て、
気づきや学びをふりかえってみましょう。

第4章

成長を促進する 1つ目のアクセル

価値観を押し付ける？

世間が慌ただしくなる師走の前半。街を歩けばクリスマスソングがあちこちから聞こえてくる。その日、僕は仕事を早めに終わらせて、マスターの元へ友人と一緒に向かった。店に入ると、マスターが笑顔で迎えてくれた。

「こんばんは、山田さん。しばらくぶりですね。その後いかがですか？」

「こんばんは。おかげさまで、知美とも順調です。結納とか式の準備でバタバタしていますが、両家の親とのやり取りも、〝大きな子供ブレーキ〟の存在を知ったことでスムーズにやっていますよ」

「それは何よりです。どうぞ、お二人ともおかけください」

カウンターに腰をかけてから、あらためて友人を紹介した。

「マスター、高校時代の友人、伊藤です」

「初めまして、伊藤です。今日はマスターのメンタリングを、楽しみにして参りました。山田がすごい人と出会ったと、本当に楽しそうに語るものですから、私も直接マスターのお話を伺いたくなりました」

「それは恐縮ですね。ちなみにコーヒーも、皆さんに好評なんですよ（笑）。お二人ともコーヒーでよろしいですか？」

マスターは軽快に返してくる。

「はい、お願いします」

マスターはにっこりとうなずいて、準備にかかった。

「山田の言っていたとおり、素敵なマスターだね。君からマスターとの出会いの話、アイスバーグや悩みブレーキ、大きな子供ブレーキの話を聞いたときは、びっくりしたよ。ただものじゃないと思った」

前回までの経験から、マスターに人を紹介する際には、一通りのことを事前に話す必要性を感じていたので、伊藤には先に全て話をしておいたのだ。

「うん、だから今日も楽しみなんだよね。ただ今回のような話に、マスターはどう切り返してくれるんだろう」

「ミッション、ビジョン、バリューの話？」

「そうそう」

雑談をしているところにマスターが淹れたてのコーヒーを運んできてくれた。早速口に含む。香り高い、繊細な味だ。二人がふうと一息ついたところで、マスターがタイミング良く質問を投げてくれた。

「それで、今日はどうなさいましたか？」

「今日は、二人とも同じような悩みを抱えてきました。先に伊藤から話すかい？」

僕に促され、伊藤は勢いよく相談ごとを切り出した。

「初対面なのに、いきなり本題ですみません。私は最近、ホテル業界に転職したんです。そこで毎朝ミッション、ビジョン、バリューを唱和しているんですが、それがどちらかと言うと、みんな会社や上司から強制されてやっている感じなんですよ。『ちゃんとバリューを暗記して、それが自分の血肉にならない限り、一流にはなれないぞ』と、上司からは言われるんですけども」

「なるほど」

「ミッション、ビジョン、バリューの共有が大事だということはなんとなく分かるのですが、あまりに会社の価値観を押し付けられると、ちょっと私も息が詰まってしまって。この会社に転職して正解だったのかなって悩み始めたときに、ちょうど高校の同窓会があって山田と会ったんです」

「伊藤の悩みにも、マスターから教えてもらったことが役に立つと思って、これまでのことを彼に話したんです」

僕の説明に、マスターはうれしそうにうなずいた。

「山田からアイスバーグや悩みブレーキの話を聞き、私はハッとしました。せっかく思い切り挑戦しようと転職したのに、早速悩みブレーキを踏み始めていると気づいて。それから大分ブレーキを踏まないようにはなってきているんですが、このミッション、ビジョン、バリューの強制っぽいことに関してはどう考えたらいいかスッキリしなくて、それで山田に頼んでここに来させていただいたんです」

「そうだったんですね。それでは伊藤さんがさらに成長されるためのお手伝いができるように頑張らなければいけないですね」

マスターは笑いながら拳を握りおどけてみせた。次は僕の番だ。

「では、続いて山田が発表します（笑）。最近うちの会社で社長が交代しまして、経営理念や方針がガラリと変わったんです。今まではそんなに経営理念や行動指針、つまり、ミッションやビジョン、バリューについて考えていたわけではないんですけれど、いざ変わるとなると、何か身構えちゃいまして。それで二人で話したんです。そんなに経営理念や行動指針って大事なのか、強制されて身につけるものなのかって」

「なるほど、それでお二人でいらっしゃったわけですね」

「そうなんです」

二人はマスターの目を見ながらうなずいた。今日はどんな図が出てくるんだろう？　ワクワクしながらマスターの反応を待っていると、意外にも図ではなく、質問からスタートした。

心の支えとなる言葉

「お二人にお聞きしたいのですが、人生や仕事で常に、または課題にぶつかったときに大事にしている言葉や、判断基準はありますか？　支えになった言葉などでも構いませんよ」

うーん。支えになった言葉か……。ありそうな、なさそうな。考えていたら伊藤がすかさず口を開いた。

「自分は、大学受験の模試判定が、なかなか志望校の合格に届かなかったときがあります。そのときに『夢は逃げない。逃げるのはいつも自分』という言葉を見て、何度も気を取り直して、勉強に励んだ記憶がありますね」

マスターは、うんうんと笑顔でうなずいている。なるほど、そういうものなら僕にもあるぞ。

「自分も営業で数字が出なかったときに『元気があれば何でもできる』という言葉で、自分を奮い立たせていましたね。あ、それと……」

「それと？」

「告白するかしまいか迷ったときに『やらなくてする後悔より、やってする後悔をしよう』と決めて、勇気を振り絞って告白しましたね。結局撃沈しちゃいましたが（笑）」

あなたが人生や仕事で常に、または課題にぶつかったときに
大事にしている言葉や、判断基準は何でしょうか？

伊藤も知っている相手だったので、ニヤニヤしている。

「素晴らしいです。やはりお二人とも、壁や試練に直面したときに自分を助けてくれた言葉を持っていらっしゃるんですね。ご自身の中で、そういった言葉がいくつもありますよね。それでは次に、お二人が将来仕事を通じて、なりたい自分や、やりたいことがありましたら教えていただけますでしょうか？」

ここでもまた、先に答えたのは伊藤だ。

「私は、いつか人を笑顔にするような仕事をしたいと思っているんです。ホテル業界に転職したのも、お客様に喜んでもらえるような接し方や心遣いを知りたくて。いろいろな経験を積んで、いずれは自分の会社を興したいと考えています」

あまりにすらすらと話す伊藤に、僕は少し気後れを感じてしまった。

「すごいな、伊藤は。残念ながら、僕にはそこまで明確な目標はないかな。会社の仲間と力を合わせて、みんなで成長できればいいかな、というくらいだ」

僕の気持ちを気遣ってくれたのか、マスターは優しい眼差しでこちらを見ている。

「なるほど、伊藤さんはしっかりした目指したいものをお持ちで素晴らしいですね。山田さんはまだその部分がはっきり決まっておられないようですが、それで落ち込むことはありません。必ずしも目指すもの、実現したいことを持っていないといけないということではありませんし、今後その部分にも意識を向けていくと、徐々にやりたいことや目指したいものが見えてくると私は思います」

そう話したあとで、マスターは2枚の図を僕たちの前に差し出した。

「お二人が話されたことがこの図に表されています」

いよいよ図が出てきたぞと、二人は微笑みながら顔を見合わせた。

バリューが持つ意味

「最初の図の一番右上は個人として将来目指したいことややりたいことで、それを目指すためのマイルストーンとなる1年後や3年後の目標を表しています。そしてそれらを目指していく途中、試練や難局を乗り越えるために応援してくれる言葉や正しく歩むための考え方が右下の三角の部分となります」

「なるほど、図にすると各要素の位置関係なども分かりやすくなりますね。これが山田の言っていたマスターお手製の図なんですね」

伊藤がそういうと、マスターはうれしそうに答えた。

「はい、いろいろなことを図にするのが私の趣味みたいなものなので。では、今度はお二人の会社の経営理念などを教えていただけませんか？」

マスターは何を伝えたいんだろうと考えていると、横で伊藤が答える。

「私の会社には『一生記憶に残る、笑顔のときをつくる』というミッションがありまして、バリューとして『CS7アクション』というものがあります」

「山田さんはいかがですか？」

「うちの会社は『情報未来社会を想像し、創造し続ける』ことをミッションとしています。以前は『ITを通して、未来の可能性を開く』でした。バリューはこの手帳にある『変化を恐れず、限界を決めずに挑戦し続ける』です」

「お二人の会社は、共に素晴らしいミッションやバリューをお持ちですね。1枚目の図は個人ものでしたが、これが会社のミッション、ビジョン、バリューの図

図33　個人の目指すもの

《個人》
将来目指したいことややりたいこと
自分を支えてくれる言葉や考え方

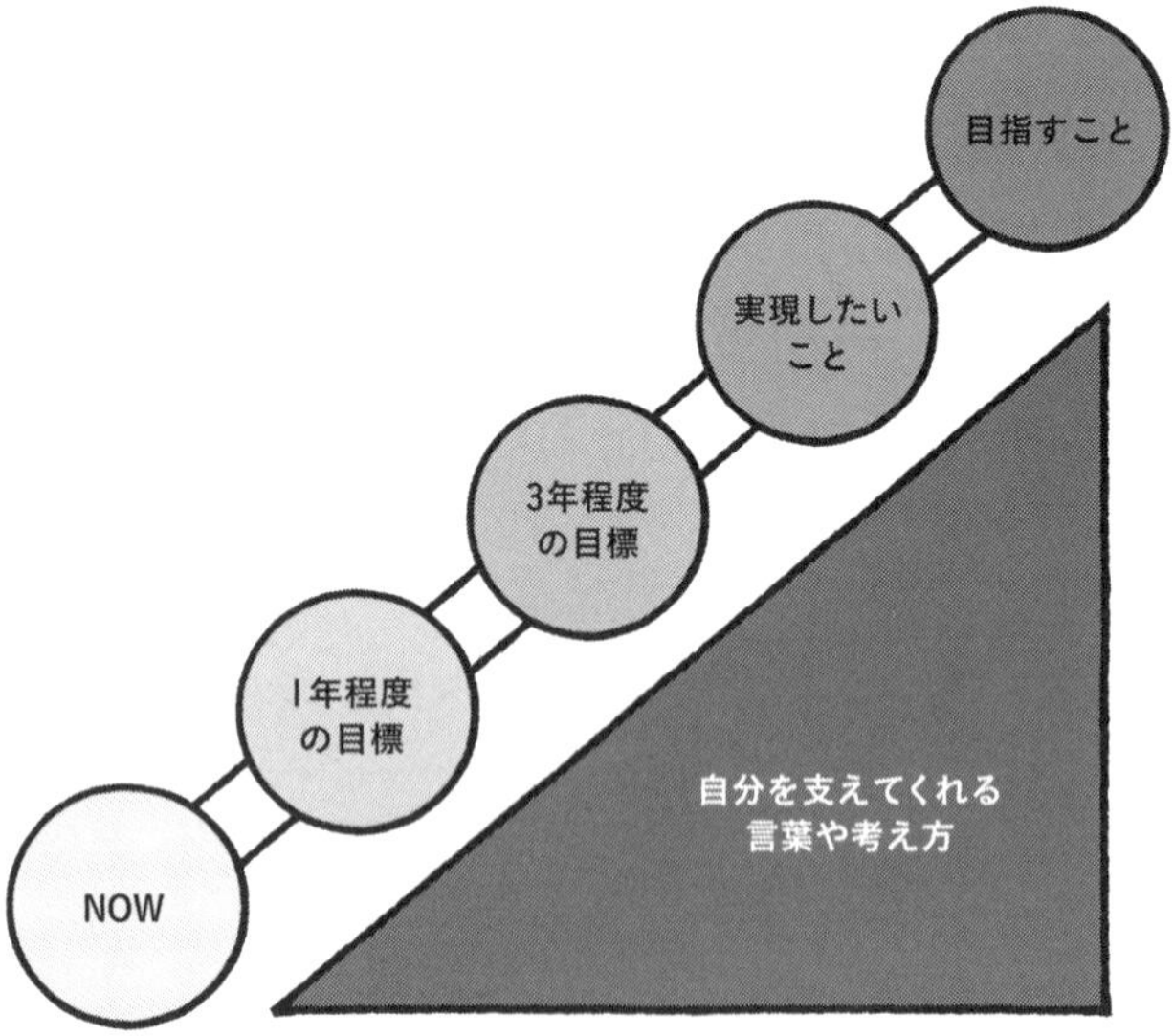

となります。２つを比較してみていかがですか？」

そう言って、マスターは２枚目の図を指差した。僕と伊藤はしばらく２枚の図を見比べて考えた。

「あっ、書いてある言葉は若干違いますが、意味することも位置関係も同じですね！」

僕も同じことを考えたが、一瞬早く伊藤に答えられてしまった。

「はい、会社でも個人でも、使命や目指したい理念があり、それを実現するためにマイルストーンとゴールを設定します。そして、それを正しくしっかり日々頑張っていくためにバリューが必要となるんです」

「なるほど、会社も個人も同じなんですね」

伊藤も大分納得してきたようだ。僕も負けじと続けた。

「同じではあるけど、個人は会社のようにそれらをあまり言語化してないですよね。会社のミッションやバリューは、言語化はされていますが、押し付けられているように感じます。本当は良い内容だけれど、軽い拒否反応が出て、真剣に理解しようと思わない。だから、２つがほぼ同じようなものという認識ができてな

図34　会社の目指すもの

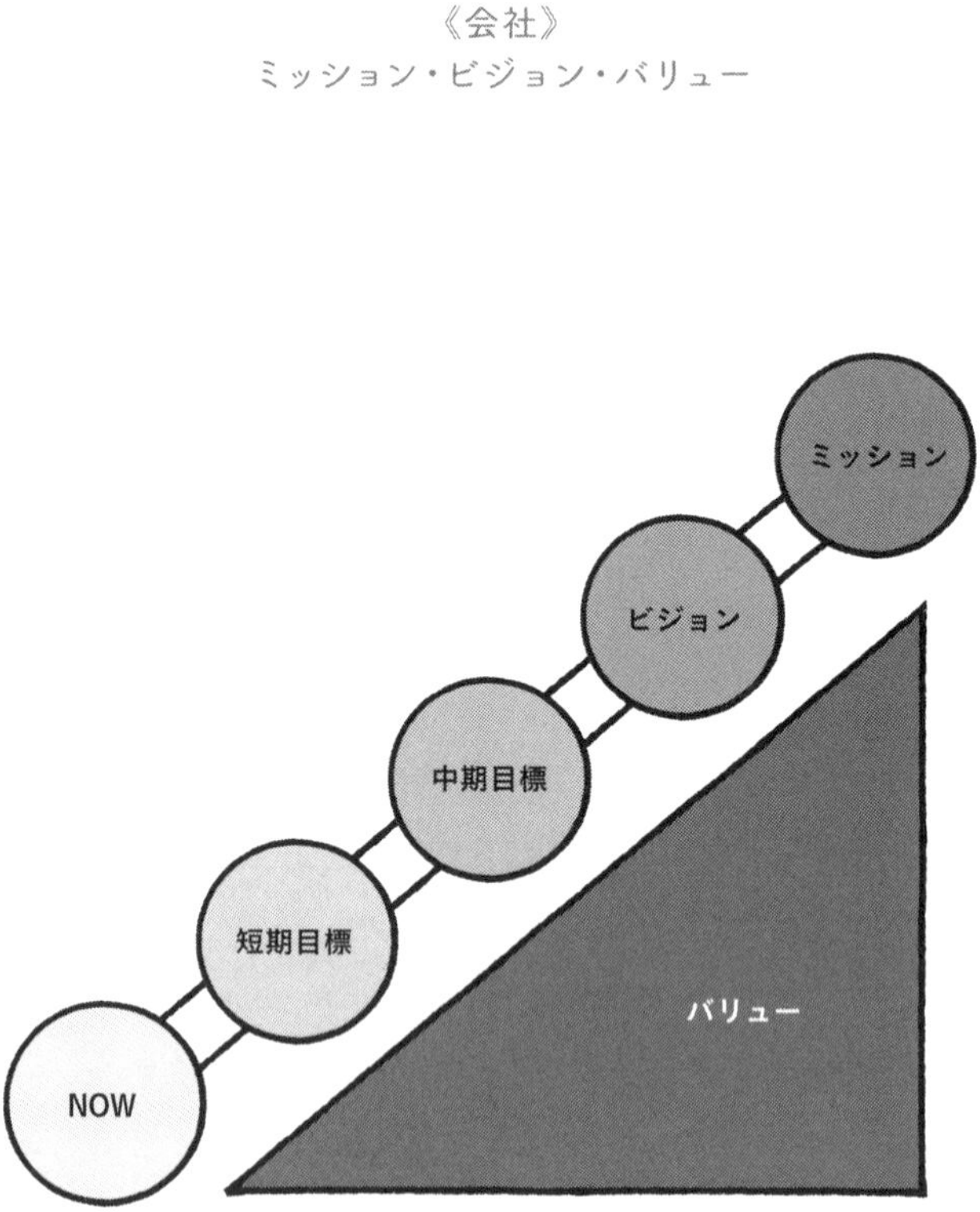

かったのかもしれませんね」

「山田さん、いい分析ですね」

マスターに褒められて僕は少しドヤ顔になった。

「この考え方は、以前お話ししたアイスバーグの話とも近いんですよ」

そう言ってマスターは出会ったばかりのときに見せてくれたアイスバーグの図を取り出した。

「あっ、本当ですね、想いや人生哲学がミッションやビジョンで、ふるまいや行動がバリューですね」

今度は伊藤に負けないよう、僕は急いで答えた。あれっ、これって大きな子供が出ているかも。

図35　アイスバーグとミッション・ビジョン・バリューの関係

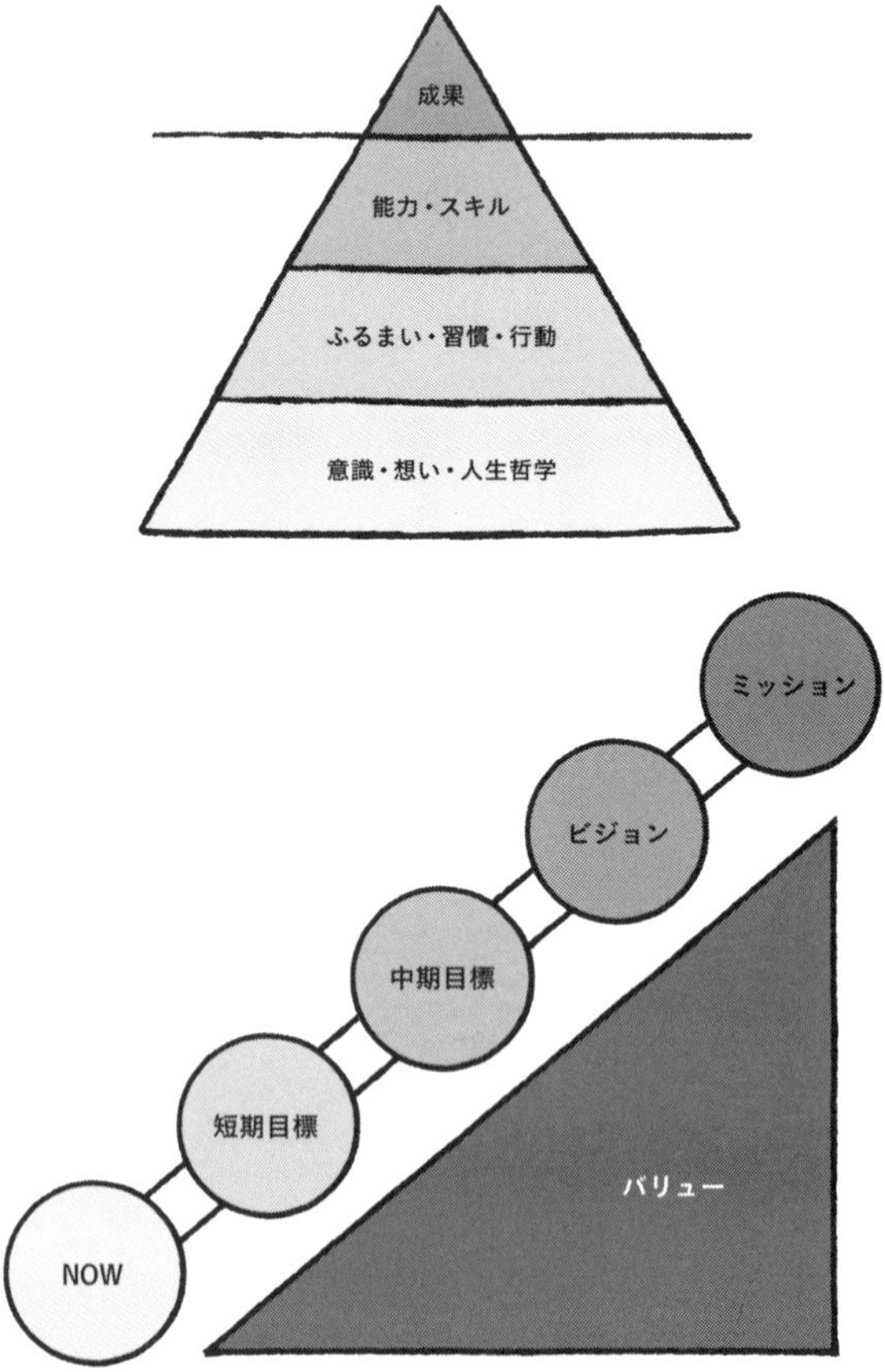

成長を促進するアクセル

「なるほどですね。何かを目指したり、結果を出すためには、理念や想いを持って、行動やふるまいに気をつけることが大事なんですね」

伊藤も負けてはいない。

「お二人とも発言がクイズの早押しみたいですね（笑）」

マスターに二人の行動が見透かされてしまい少し恥ずかしかったけれど、すごく会話を楽しめている。

「では、そろそろこちらの図を見ていただいてもよろしいですか？」

そう言ってマスターは、もはやルーティンとなった図を示した。

「あっ、これが山田の言っていた、要所要所で示される『成長の地図』ですね！」

やっぱり伊藤は、飲み込みが早い。

「はい、もう私からご説明しなくとも、今日のお話がこの地図のどの部分に該当するのかは、理解の早いお二人ならお分かりですよね」

「マスターからハードルを上げられると答えるのに緊張しますね（笑）」

笑って場を取り繕ってしまったが、僕が一番マスターの話を聞いているのだから、ここはしっかり答えなければいけない。

「そうですね、かなり分かってきた気がします。今日のテーマは前回の2つのブレーキとは反対の、〝成長を促進するアクセル〟の話だったんですね」

「なるほど！　私たちが会社のミッションやビジョンに関して疑問に思っていたことが、成長の原理原則の話にしっかり繋がっていたんですね」

「お二人ともその通りです。自分のアイスバーグを成長させるためにブレーキを踏まないことと同時に、より成長を促進させるアクセルとしての自分軸をしっかり持つことがとても大事なのです。そしてその自分軸とは、自分人生の哲学、ミッションやビジョン、バリューなのです」

僕も伊藤も、知らず知らずのうちに、自分たちで考え、気づきや学びが得られている。こうやって僕たちを導いてくれるマスターのような人をファシリテーターというのだと思った。それも、最強のファシリテーターではないか。

「う〜ん、なるほど。自分人生の哲学や理念かぁ。確かに今までの人生を振り返ってみても、壁にぶつかったときや試練のときに助けてくれる言葉や考えがなかったら、そのまま挫折をしてしまったかもしれないと思い当たることがあります。これがアクセルにつながっていたなんて考えてもみなかったな。自分の人生において、ブレない軸を持つことが成長のアクセルとなっていたんですね」

僕は、あらためてマスターから学んだことの奥深さを感じた。

「とても深い話ですね。今日ここに来させていただいて本当に良かったです。ありがとうございます」

伊藤が真剣な顔でマスターにお礼を言った。

「いえいえ、こちらこそ。皆さんから多くの学びをいただいていますから」

マスターのその言葉に、僕たちからマスターに何を学びとして与えられているのか不思議に思った。

「ちなみに、マスターはどんな人生哲学や行動指針の言葉をお持ちなんですか？」

また伊藤に先を越されてしまった。僕も全く同じ思いで、そのことにとても興味をそそられた。

「少しお恥ずかしいですが、私の好きな言葉はこの手帳に書き溜めています」

マスターが見せてくれた少し大きめの手帳には、何ページにもわたりたくさんの言葉が書かれていた。

「わー、すごいですね。こんなにたくさんあるんですか？」

「はい、人生長く生きているのと、それなりに多くの試練や修羅場がありましたから（笑）」

「今までマスターに教わった言葉もありますね。〝結果は選択できないが、行動は選択できる〟や〝No one is perfect（誰しも完璧ではない）〟とか。この〝人生我以外皆師なり〟とはどういう意味ですか？」

「これは私の父が、私の小さいころから言っていた言葉なんです。自分の人生であなたの周りにいる人は全て師、先生で、どんなに欠点が多そうに見える人からも、自分の意識のあり方でいろいろと学ぶことができるということ、そして、そのためには常に謙虚でなければいけないということだと私は解釈しています。もちろん小さい頃はほとんど分かっていなかったですし、その意味が腹落ちしたり、少しずつ体現できたりするようになったのは、随分あとになってからですけれど」

図36　マスターの手帳（人生哲学・行動指針）

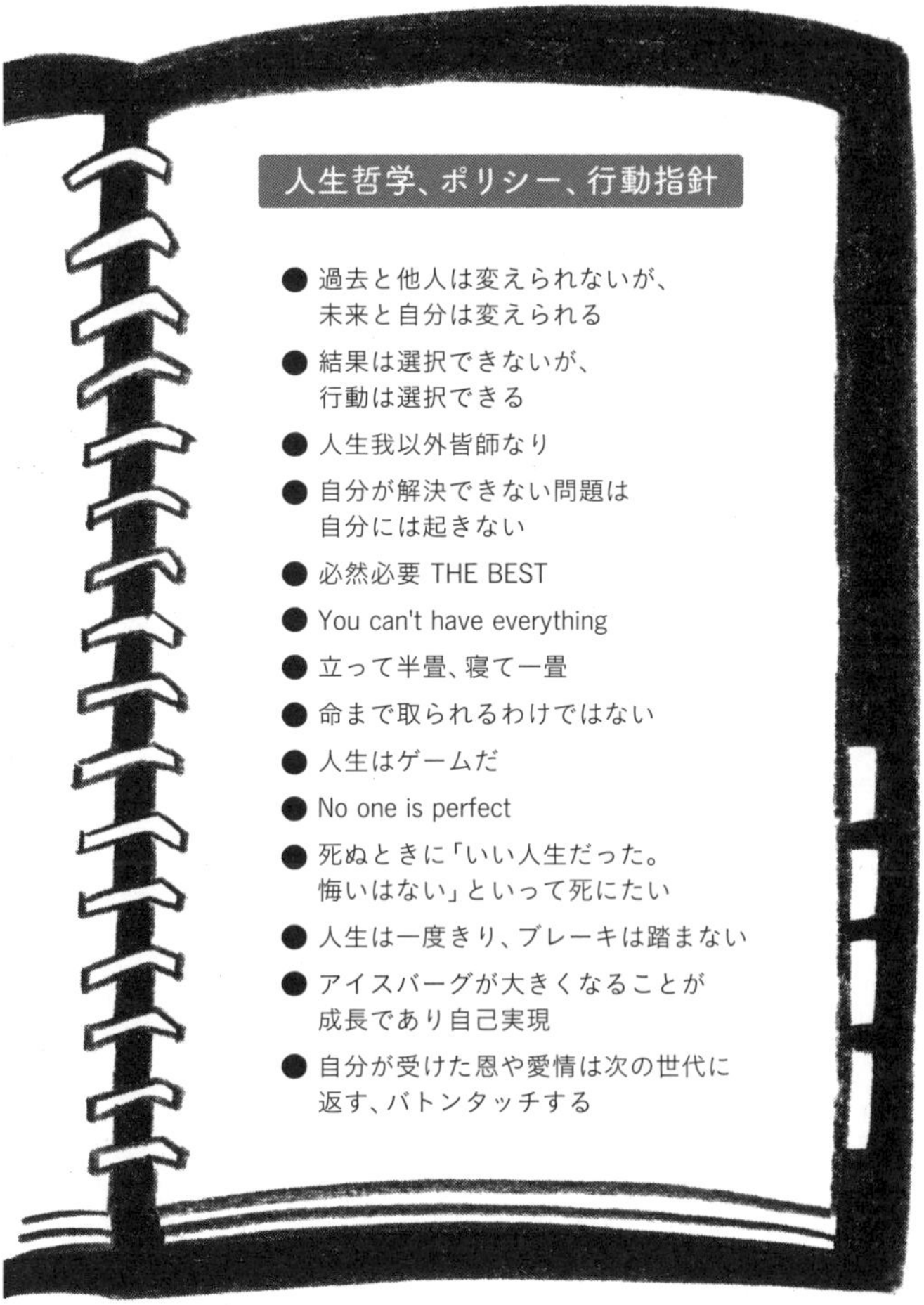
人生哲学、ポリシー、行動指針
● 過去と他人は変えられないが、未来と自分は変えられる
● 結果は選択できないが、行動は選択できる
● 人生我以外皆師なり
● 自分が解決できない問題は自分には起きない
● 必然必要 THE BEST
● You can't have everything
● 立って半畳、寝て一畳
● 命まで取られるわけではない
● 人生はゲームだ
● No one is perfect
● 死ぬときに「いい人生だった。悔いはない」といって死にたい
● 人生は一度きり、ブレーキは踏まない
● アイスバーグが大きくなることが成長であり自己実現
● 自分が受けた恩や愛情は次の世代に返す、バトンタッチする

父親の言葉

「へー、マスターのお父さんも素晴らしい人格者だったんですね」

そう伊藤が言ったあと、僕はハッとした。

「それでさっきマスターは、僕たちからも多くの学びがあるとおっしゃったんですね」

「はい。全ての人が私の先生なんです。そう思えるようになってからは常に多くの方から本当にたくさんの学びがあります」

「なるほど、マスターの哲学や行動指針の一つである『人生我以外皆師なり』が、マスターの謙虚で他の人から素直に学ぶ姿勢となっていて、それが成長のアクセルになっているんですね。納得です」

「いやいや、そんな大それたものではないですが」

本当にマスターは謙虚な人だなぁと感じる。このあとも僕たちはマスターの手帳にある言葉の意味やエピソードを次々に聞き、その深さに唸りっぱなしとなった。

「言葉って、万人が共通に理解するものではないことをあらためて感じました」

僕に伊藤も続く。

「表面上の薄い理解をしているのと、その本質的なものを体得して活用できているのでは天と地の違いですね」

別に気分が沈んでいるわけではなかったが、二人とも深く考えているがゆえに、かなり神妙な面持ちになっていた。きっと僕たちも、これからもたくさんの壁にぶつかりながらマスターのようにたくさんの言葉を体現し、ぶれない軸を持つ必要があるんだろうな。マスターの話を聞きながら、僕はふと思い出したことがあった。

「そういえば、僕は小さい頃から父親に『やってみろ。お前のことは信じているから』と言われたことを記憶していて、何か新しいことをするたびに、この言葉を思い出すんです」

「まさに親や先輩、親友とのエピソードや、辛いときに読んだ本からの言葉などが自分自身の行動指針になっているという例ですね。それらのエピソードは、ご自身の歴史の中に深く残っていますから、行動指針として色濃く反映されていると思います」

マスターの言葉に、さらに自分のことを理解した気持ちになる。

「なるほど。自分も振り返ってみようかな」

伊藤にも思い当たることがありそうだった。

「会社にも理念や行動指針がありますが、自分の人生でも強い理念や軸があれば迷いが減って強く進むことができそうですね。自分の軸を持てば、強く正しいアクセルを踏んで進むことができそうだと思いました」

僕が話す横で、伊藤も大きくうなずきながら言った

「私も、マスターのように『人生我以外皆師なり』の気持ちで多くの人から私の軸となるものを吸収していきます」

マスターの手帳に書き込まれている言葉のエピソードはもっともっと聞きたいけど、一度に聞くには、あまりに深い。落ち着いて、一つひとつの言葉をじっくりと噛み締めたい。また今度時間をつくって絶対に聞きに来よう。

今日もまたマスターから、心にストンと落ちる話をたくさん聞かせてもらった。どんな経験をしたらマスターのようになれるのだろうか？　今日の自分軸や成長を促進するアクセルの話はすごく腹落ちしたが、まだ少し胸につっかかるものがあった。冷めてしまったコーヒーを口に含みながら、少し考えていると、質問したいことが明確になってきた。

自分と会社の方向性

「でもマスター、会社の理念と自分人生の理念は、違いますよね？　組織に属している以上、自分の理念を曲げて、会社の理念に合わせないといけないということなんですか？」

そうそう、今日聞きたかったところは、そこだよねという様子で伊藤もうなずいている。やはりきたかという感じでマスターがこう答えた。

「はい、そうでしたね（笑）。いよいよこれからその部分に入っていきますね。ただ、その前に、お二人にミッション、ビジョン、バリューなどについて本質的な部分を理解していただきたかったので少し遠回りになりましたが、議論の時間を取らせていただきました」

なるほど、マスター言うとおりで、その部分が全く理解できていないのに、会社のやっていることだけを批判的に見ていたのもしれない。

「では、この図に描かれた2つの状態を比較していただけますか？」

また、図が出てきた。本当にマスターからはマジシャンのようにテンポ良くタネが飛び出すな。

「いかがでしょう？　AとBの考え方があると思いますが、お二人は仕事と個人の人生をどちらに近いと感じられますか？　お二人はAとBが何を意味すると思いますか？」

「えーと、Aは個人と会社の方向が完全に逆になっていますね、Bは完全に重なっているわけではないですが、並走している感じですね」

相変わらず伊藤のレスポンスがいい。僕も続けた。

図37　個人と会社の目指すものの方向性

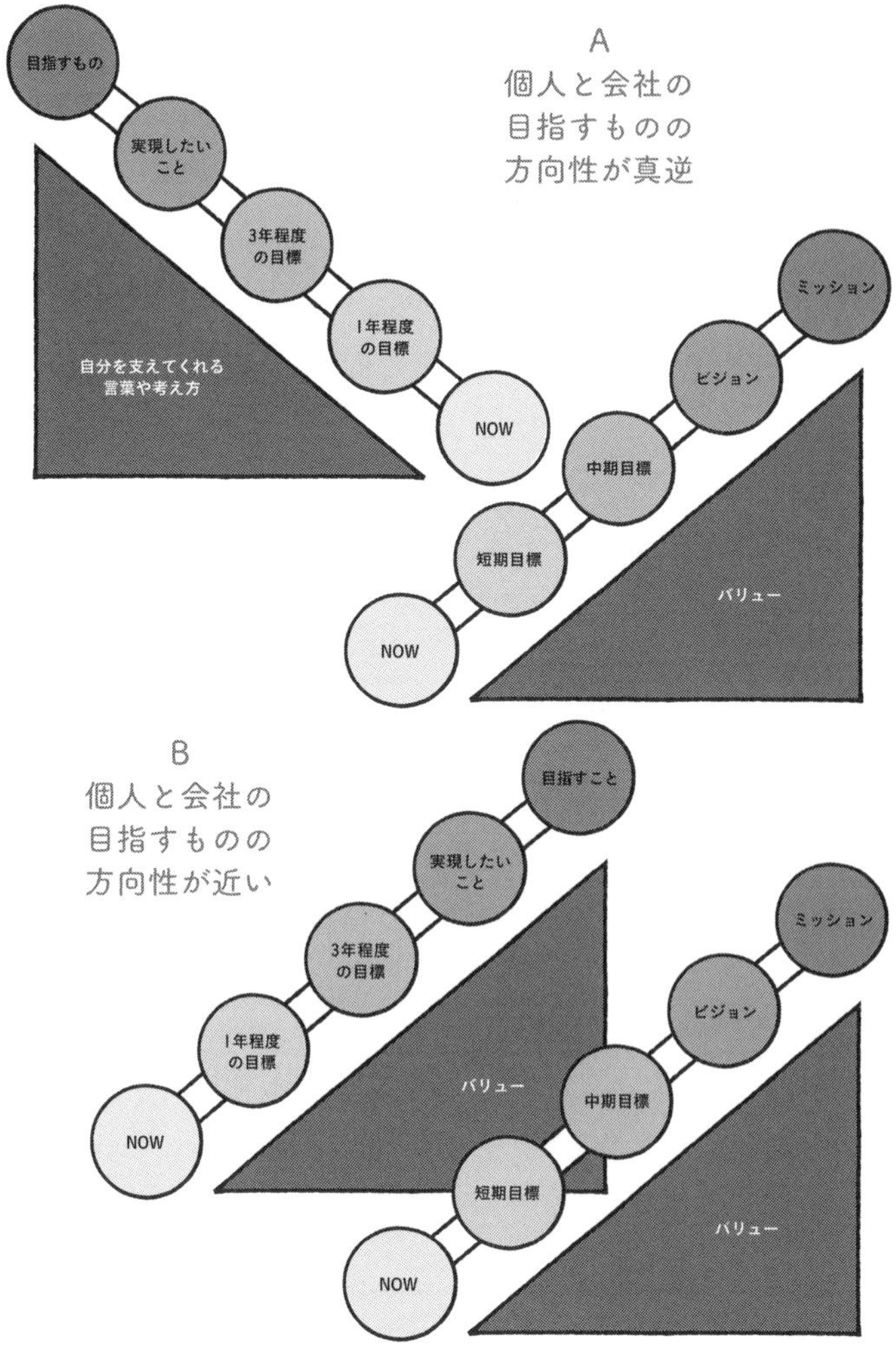

「ということは、Ａの状態は、会社のミッション、ビジョン、バリューは、あくまで仕事上の価値観であり、個人とは全く別物という考え方ですかね。それに対して、Ｂはそこまで価値観や考え方に違いはなくて、全く同じではないにしろ、突き詰めると同じような方向に向かうという感じ……」

口調は滑らかだが、僕の中には完全には理解しきれていないモヤモヤ感が残っていた。

「マスター、そう言いながら正直うまく理解できていない自分を感じます」

正直に自己申告する僕に、マスターは優しい笑顔を返し、答えてくれた。

固定観念を外して方向性を考える

「はい、この話はとても難しいので、今日全て理解できなくとも全く問題ありません。なんとなく、２つの違いを捉えて考えてみると、少しずつ成長の糧になると思います。以前、悩みブレーキや大きな子供ブレーキの存在を知るだけでも何かが変わってくることをお話ししたのを覚えていらっしゃいますか？」

「はい。確かにそれだけでも少しずつ変化があったのは事実です」

まさに僕の体験談だった。

「それと同じように、ミッション、ビジョン、バリューが、もしかしたら完全に真逆なものでなく、並走できるもの、補完やシナジーがあるかもしれないものだと考えるだけで何かが違ってくると私は思っています。そして、無理にBの考えに合わせようとするのではなく、徐々にBの生き方、考え方ができていくと人生の中で仕事の時間の充実度や、個人の成長とのシナジーも効いていくと思うんですよ」

僕も伊藤も、マスターの素晴らしい信念に圧倒されてしまった。次の言葉を探していると、タイミングよく奥のテーブルからマスターを呼ぶ声が聞こえた。

「あ、ちょっとすみません。あちらのお客様のオーダーをうかがわなくては。その間にご自分の会社のミッション、ビジョン、バリューを見直してみていただけますか？」

マスターの時間をこんなに自分たちのために使ってもらって本当に申し訳ないなとは思いつつ、もっと本質を知りたいという欲求には勝てずに、すっかり居座ってしまっていた。

「はい、どうぞ、本業を優先してください（笑）。僕たちは、あらためて会社の手帳を見てみます」

二人で手帳やホームページで会社のミッション、ビジョン、バリューを確認して、自分の人生の方向性との関係性を考えてみた。

ほどなくマスターが戻ってきて、僕たちに質問をした。

「あらためて会社の経営理念や行動指針を見直してみて、どう思われますか？」

見直しながら、もうすでに一本取られた気持ちになっていた僕が答えた。

「はい、同じ文言を見ているにもかかわらず、以前と今でこんなにも違うのかって驚いています。バイアスや固定概念によって、こんなにも見え方が違ってくるものなんですね」

「私も、こんなに会社の手帳を真剣に見たのは初めてです（笑）。それに、以前と違って拒絶反応がなくなって、素直に良いものは良いと思えるようになったかも

現在や以前お勤めの会社のミッション、ビジョン、バリューは
あなたの人生の目標や指針と相反しているでしょうか？

しれません」

伊藤もやはり僕と同じように感じていた。マスターは、こんな二人の気づきを喜んでくれているようだ。

「それは良かったです。私も以前いた会社の理念や行動指針が大好きで、今の私の個人としての軸に大きな良い影響を与えてくれています」

「そうなんですね。あの、もしよろしければマスターのミッション、ビジョンを聞かせていただけますか？」

僕は、今日最後の図々しいお願いをした。

「そんなに大それたものではありませんが、私にも小さいながらも自分なりに魂を込めて実現したいものはあります。まずミッションですが、これは実は前職の会社のミッションと同じ『Growing Together』です。『関わる人たちと共に成長していこう！』という考え方は、前職を引退したあとでも私の理念としてとても好きなものです」

そう語るマスターの表情が清々しい。

「そしてビジョンは、『次の世代を担う方々をサポートして、その方たちに社会の発展や人々の幸福に貢献していただくこと』です。もちろん、このカフェにお越しいただくお客様においしいコーヒーと心地良い空間を提供して、明日への成長の糧としていただくこともですね（笑）」

「とてもいいミッション、ビジョンですね」

だからマスターはみんなの成長を本気で考えてサポートできるんだ。マスターからは、単なる趣味とか道楽ではない、想いや情熱を感じるのも納得できた。

「マスター、長い時間本当にありがとうございました。正直、どう具体的に日常で活かしていけばいいのかまだ分からないところもありますが、自分の人生の中に、会社の理念も取り入れながら、明日から少しずつ成長していきたいと思います」

「ええ、これもまさに〝体験学、習うより慣れろ〟ですからね。山田さんも伊藤さんも、少しずつ自分軸を極めていってくださいね」

店も混んできたので、さすがにこのあたりでマスターを解放しようと、伊藤と二人で丁寧に挨拶をして店を出た。

外に出ると今にも雪になりそうな寒さだ。帰り道で伊藤はボソッと僕に言った。

「山田、俺さ、今の会社に転職した自分に自信が持てなくなっていたんだけど、今日マスターと話していて、思い出したんだよ。今の会社の『一生記憶に残る、笑顔のときをつくる』という企業理念に惹かれたこと」

伊藤は、少しはにかんだような顔で話を続けた。

「うちは親父が自営業で忙しかったから、家族旅行に全然行けなかったんだ。でも唯一小学6年生のときに、伊豆に行ったんだ。俺はそこでの家族との思い出が忘れられなかった。一生懸命、すごい形相で働いていた親父が、旅行の間だけは笑顔でいられたことが、本当にうれしかった」

「へぇ、良い思い出だな」

「まあな。俺の中にも誰かにそういう場を提供したいという思いがあったから、今の転職先を選んだんだなって。できれば将来独立して、よりその想いを実現できる会社をつくりたいって漠然と考えていたけど、今の会社にいる間、不満や悩みを持って仕事をするより、会社の理念であり、自分の想いでもあったたくさんの人に笑顔のときを提供することにブレーキを踏まず全力を出したほうが良いってことが今日分かったよ。マスターに会わせてもらって本当に良かったよ。ありがとう」

僕は、伊藤の話に聞き入り、寒さなど忘れ、目頭が熱くなっていた。

「おう、お返しは高級ステーキでいいぞ（笑）。頑張ろうぜ、お互いのフィールドで」

「また、会えるのを楽しみにしてるよ。じゃあ」

去っていく伊藤の背中には、多くのお客様に笑顔を届ける意志が溢れているように見えた。僕は、遠ざかっていく伊藤の姿を見ながら、マスターとの出会いに心から感謝した。何かに悩んだとき、迷ったときに、話を聞き、何らかの気づきや学びが得られるような相手はそういない。マスターと出会うことで、こうしたメンターのような存在がいかに重要かをしみじみと実感した。今日の伊藤だけでなく、ゆっこも、知美もそうだ。カフェでマスターと話すことで、どれほど心の整理ができたことか。

「マスターは、人の人生を前向きにする達人だな。達人…。マスター…」

僕はひとりごとを言い、さらに気づいた。

「あ、マスターって言葉は、きっとカフェのマスターというだけではないんだな。なるほど、そういうことか！」

すれ違った人が、僕の声に驚いて振り向く。そのときの僕の顔は、なんだかニヤニヤしていたようだ。

図38　第4章ふりかえり

第4章に出てきた図やイラストをもう一度見て、
気づきや学びをふりかえってみましょう。

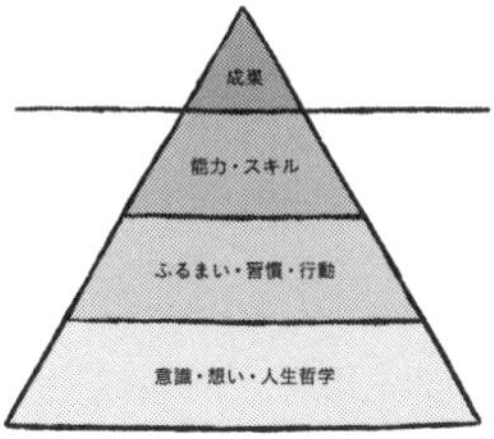

成果
能力・スキル
ふるまい・習慣・行動
意識・想い・人生哲学

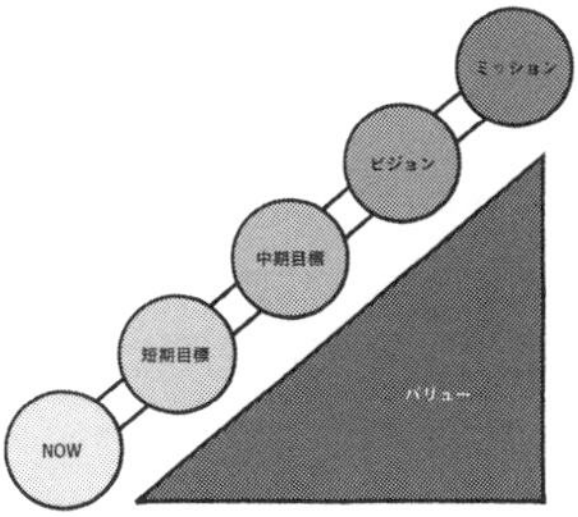

ミッション
ビジョン
中期目標
短期目標
NOW
バリュー

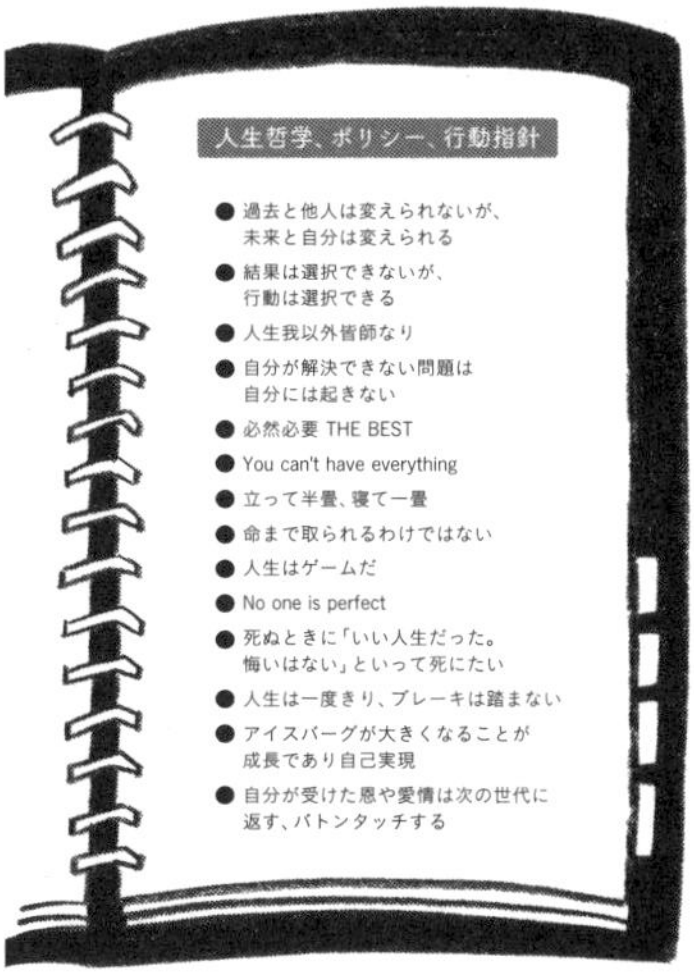

人生哲学、ポリシー、行動指針
● 過去と他人は変えられないが、未来と自分は変えられる
● 結果は選択できないが、行動は選択できる
● 人生我以外皆師なり
● 自分が解決できない問題は自分には起きない
● 必然必要 THE BEST
● You can't have everything
● 立って半畳、寝て一畳
● 命まで取られるわけではない
● 人生はゲームだ
● No one is perfect
● 死ぬときに「いい人生だった。悔いはない」といって死にたい
● 人生は一度きり、ブレーキは踏まない
● アイスバーグが大きくなることが成長であり自己実現
● 自分が受けた恩や愛情は次の世代に返す、バトンタッチする

A
個人と会社の
目指すものの
方向性が真逆

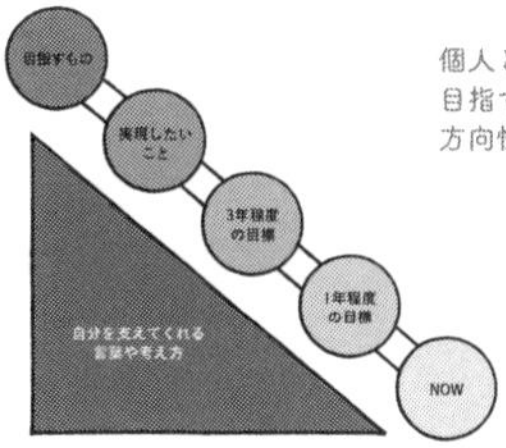

目指すもの
実現したいこと
3年程度の目標
1年程度の目標
NOW
自分を支えてくれる言葉や考え方

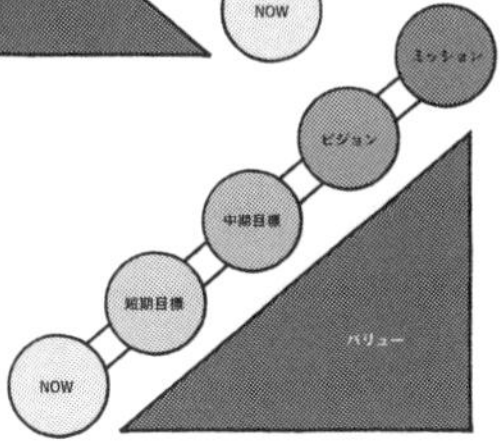

ミッション
ビジョン
中期目標
短期目標
NOW
バリュー

B
個人と会社の
目指すものの
方向性が近い

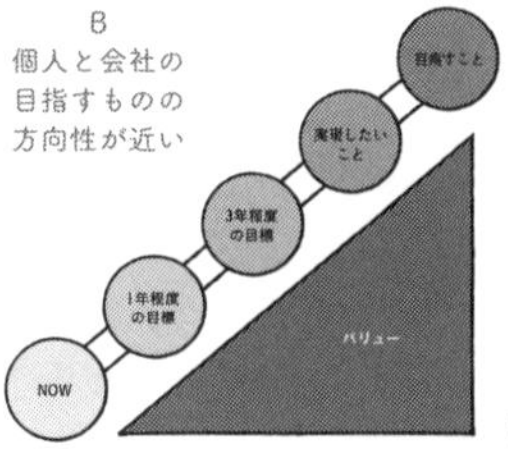

目指すこと
実現したいこと
3年程度の目標
1年程度の目標
NOW
バリュー

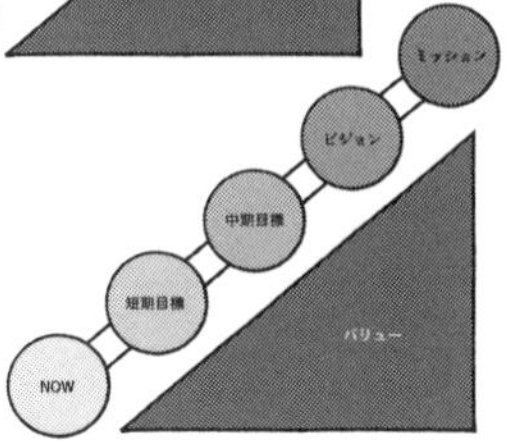

ミッション
ビジョン
中期目標
短期目標
NOW
バリュー

第5章

成長を促進する
2つ目のアクセル

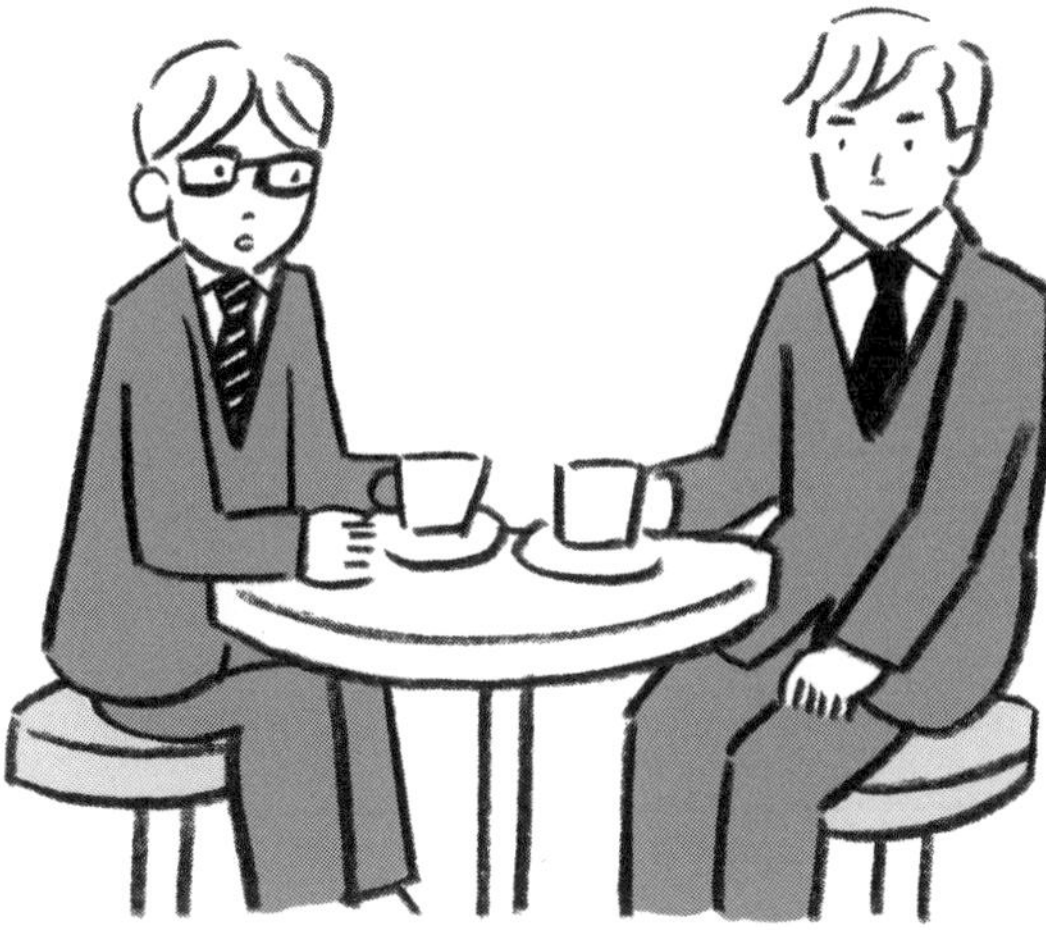

就活生の素朴な疑問

厳しい寒さから解放され、少しずつ暖かな日が増えてきたと思っていたら、もう3月も半ばである。僕は久しぶりにマスターの店を訪れた。会社の繁忙期で慌ただしかったこともあるが、僕自身、マスターから教わったことを実践する時間が必要だという思いもあった。ただ知るだけでなく、それを体験することで新たな気づきや学びが得られることも、マスターと知り合ってから覚えたことなのだ。どれだけ成長できたかは分からないが、少しでも成長した自分でカフェを訪れたいという気持ちもあった。

「マスター、しばらくぶりです」

「こんにちは、山田さん。前にご一緒された伊藤さんもお変わりなく？」

数カ月ぶりだというのに、マスターは相変わらず律儀に覚えてくれている。

「はい、あのあとも壁にはぶつかっているようですが、マスターのメンタリングで教えていただいたことを思い出して、自分のアクセルになる言葉を心の中でつぶやきながら、頑張っているって言ってました」

「そうですか。それはうれしいですね」

ニコニコしながら、マスターは僕の連れに目を向けた。白いワイシャツに青のストライプネクタイ、黒い無地のリクルートスーツに身を包んだ青年がすかさず挨拶をする。

「初めまして。私は早慶大学3年の、高橋と申します。本日は山田先輩へのOB訪問でこちらに伺いました」

まるでこのカフェが、僕の職場みたいになっているが、まぁいいとしよう。そうなのだ。今日カフェを訪れたのは、マスターにメンタリングを受けるというよりは、自分がメンタリングをする側としてなのだ。

「大学の部活の後輩なんですよ。待ち合わせ場所にこちらを使わせていただきました」

「そうだったのですね。ごゆっくり」

今日はいつものカウンターではなくテーブル席に座り、二人はホットコーヒーを注文した。

「山田先輩、あらためてよろしくお願いします。今日はたくさん勉強させてください」

「うん、よろしくね。縁があってこうして会っているんだし、ざっくばらんに話そう」

テーブル席を選んだのには、そんな狙いもあった。

「ありがとうございます。では早速、質問させていただいていいでしょうか？」

「はい、どうぞ」

初めは彼も緊張している様子だったが、僕の会社の仕事内容や人事制度など、一通りの質問を終えて、少し緊張がほぐれてきたようだ。さらに、マスターから教わったことを交えながら話をして、彼も今後の仕事や日々の自分との向き合い方について、大変勉強になると喜んでいた。

「ところで高橋くんは、何の職種が希望なの？」

「僕は、今のところ営業が希望なんです。ですが、正直分からないことがあるんですよね。先輩、教えてもらってもいいですか？」

「うん、どうした？」

「先輩は、何のために仕事をしているんでしょうか？」

思わぬ質問が飛んできてビックリしてしまった。うーん、そういえば、自分は何のために仕事をやっているんだっけ？　あらためて聞かれると戸惑ってしまう。ぼんやりしていて、ちゃんと答えるのが難しそうだ。

何のために働くのか

突然の無茶振りで失礼だと思いながら、これはマスターにしかお願いできないと思い、こう答えた。

「ちょっと、マスターに聞いてみようか。僕もメンタリングをしてもらっていて大変お世話になっているんだよ」

「はい、ぜひ伺いたいです」

結局、僕たちはテーブル席からいつものカウンターに移動し、マスターに同じことを尋ねてみた。カップを拭いていたマスターは、突然の質問にも関わらず、笑顔でOKしてくれた。高橋くんは目をキラキラと輝かせてマスターの返答を待っている。

「では、こんな話をしましょうか。これは私がとても尊敬する恩師から教えていただいた話なのですが、高橋さん、読んでいただけますか？」

そういってマスターはまた1枚の紙を出した。高橋くんが少し高い声で読み始める。

「古代ギリシアの時代に3人の石工職人がいました。毎日大量の汗を流しながら、ひたすら石を切り、同じ給料で働いています。そこに一人の旅人が現れ、石工職人たちに質問をしました。『あなたは、何のために石を切っているのですか？』」

1人目の職人　お金をもらうために決まっているだろ。

2人目の職人　将来、腕の立つ職人になるために仕事してるんだ。

3人目の職人　これから何百年も町のみんなが訪れることができる立派な教会

図39　3人の石工職人

古代ギリシアの時代に3人の石工職人がいました。毎日大量の汗を流しながら、ひたすら石を切り、同じ給料で働いています。そこに一人の旅人が現れ、石工職人たちに質問をしました。

「あなたは、何のために石を切っているのですか?」

1人目の職人　金をもらうために決まっているだろ。
2人目の職人　将来、腕の立つ職人になるために仕事してるんだ。
3人目の職人　これから何百年も町のみんなが訪れることができる立派な教会の土台になる石を切っているのさ。この仕事ができてとてもうれしいよ。

の土台になる石を切っているのさ。この仕事ができてとてもうれしいよ。

高橋くんは、その意味するところを感じ取ったようだ。

「なんか同じ給料で同じ仕事をしているのに、まるで違う仕事をしているくらい、働く意味が3人とも全然違いますね」

高橋くんは、素直な感想を言っているようだ。実際に社会人として働いている僕は、何人目の職人なんだろうか？

「お二人ともこの文章を読んで、何かしら感じるところがあったと思います。ここではあえてこの文章の議論はせずに、次のテーマに入っていきたいと思います」

そう言ってマスターはもう1枚の図を差し出した。マスターの投げかけって、1つのテーマで急いで結論を出さずに、より深く考えたり、気づきが得られるように次のテーマが用意されていて、結果的に全体が捉えられる視点に気づかされたり、自己内省が深められるようになっているんだよなぁ、と感心しながら耳を傾けた。

図40　仕事に期待する見返りや報酬

仕事の見返りや報酬として
4つのゾーンABCDには
どのような言葉が入るのでしょうか？
皆さんも考えてみましょう。

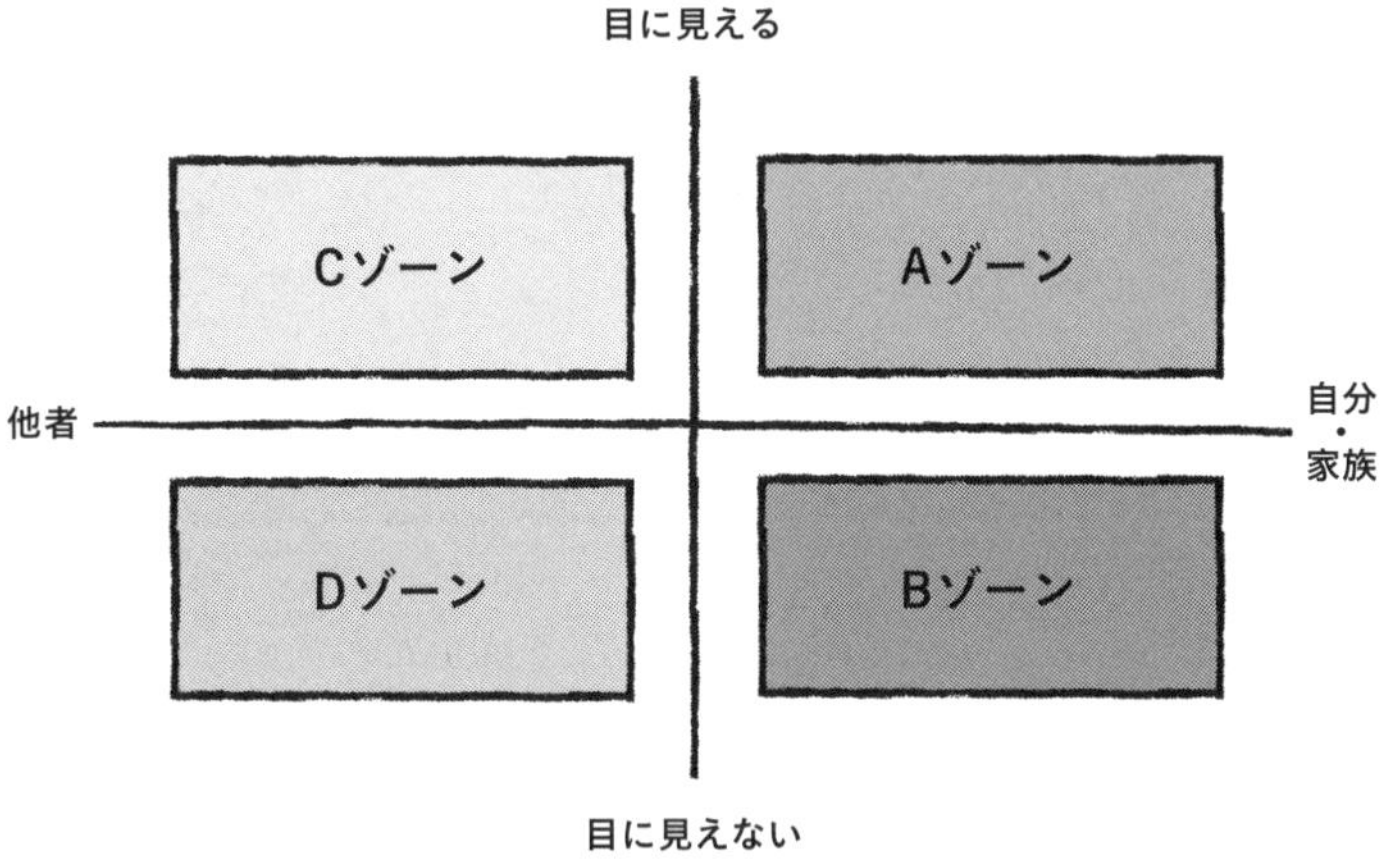

A	
B	
C	
D	

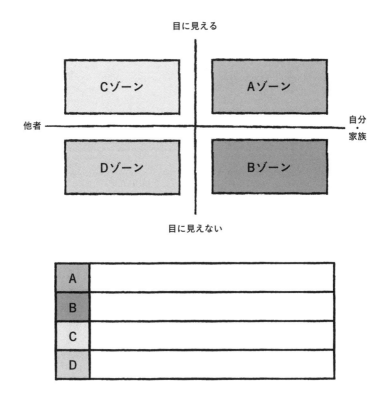

「これは、皆さんが仕事に、どんな見返りや報酬を期待しているのかを知るためのシートになります。成長で言い換えると、〝なぜ成長したいか？〟の動機を知ることでもあります。さて、まず4つのゾーンＡＢＣＤにはどんな言葉が入ると思いますか？」

期待する見返り

「うーん、難しいな」

僕が唸ると、

「じゃあＡゾーンからいきましょう、自分や家族のための目に見える報酬ですね」

と高橋くんがテキパキと仕切ってくれた。若くてもなかなか優秀そうだ。

「そうだね、いっぺんに全部考えようとすると混乱するから、1つずついこう」

ここは見栄を張って〝大きな子供〟を出さずに、素直に高橋くんの仕切りに従おう。

「これは、分かりやすいですね。給料とか役職とかでしょうか？」

高橋くんがチラッとマスターの顔を見ると、

「はい、その通りですね」

マスターがうなずいた。

「Bゾーンは、自分や家族の目に見えない報酬。うーん、やりがいとかかな」

高橋くんが少し自信なさげに言った。

「そうだね、多分自己成長とかもそうだね。目には見えないけれど、お金だけで仕事はしてないよね」

僕も少しずつ理解してきた。

「次が問題ですね、Cゾーンの他者の、目に見えるものって何なんでしょう？会社で自分以外といったら、取引先とか、顧客とですかね？」

「なるほど、高橋くんいいね。それと同僚とか、部下とかかな」

「その人たちが目に見える何かを手に入れることで、自分にとっての報酬や喜びになるものって何ですかね？　僕はまだ仕事してないので、イメージするのが難しいです」

「じゃあ、そこは社会人の僕が答えなくちゃね（笑）。部下が昇級や昇格したらうれしいかな。それと顧客企業がうちのサービスを使って業績が上がっても、やっぱり『やったぞ！』って思うね」

「山田さん、いいですね」

マスターはにこやかに僕たちの会話を聞いてくれている。

「では、いよいよ最後のDゾーンの他者の目に見えないものですね。これはさっきのゾーンと同じように部下の成長とかでしょうか？」

「高橋くん、勘がいいね。昔は自分の成長しか関心がなかったけれど、さすがに今は部下が成長してくれるのも素直に喜べるようになってきた気がするよ。そういう点では僕も少しは成長したのかな（笑）」

僕がそう言うと、マスターがさらに補足をしてくれた。

「はい、Dゾーンはおっしゃる通り、部下や仲間の成長であったり、顧客や社会の発展や幸せといったかなり大きな概念のものなどがありますね。そして、それらを書いたのがこちらになります」

図41　成長の果実

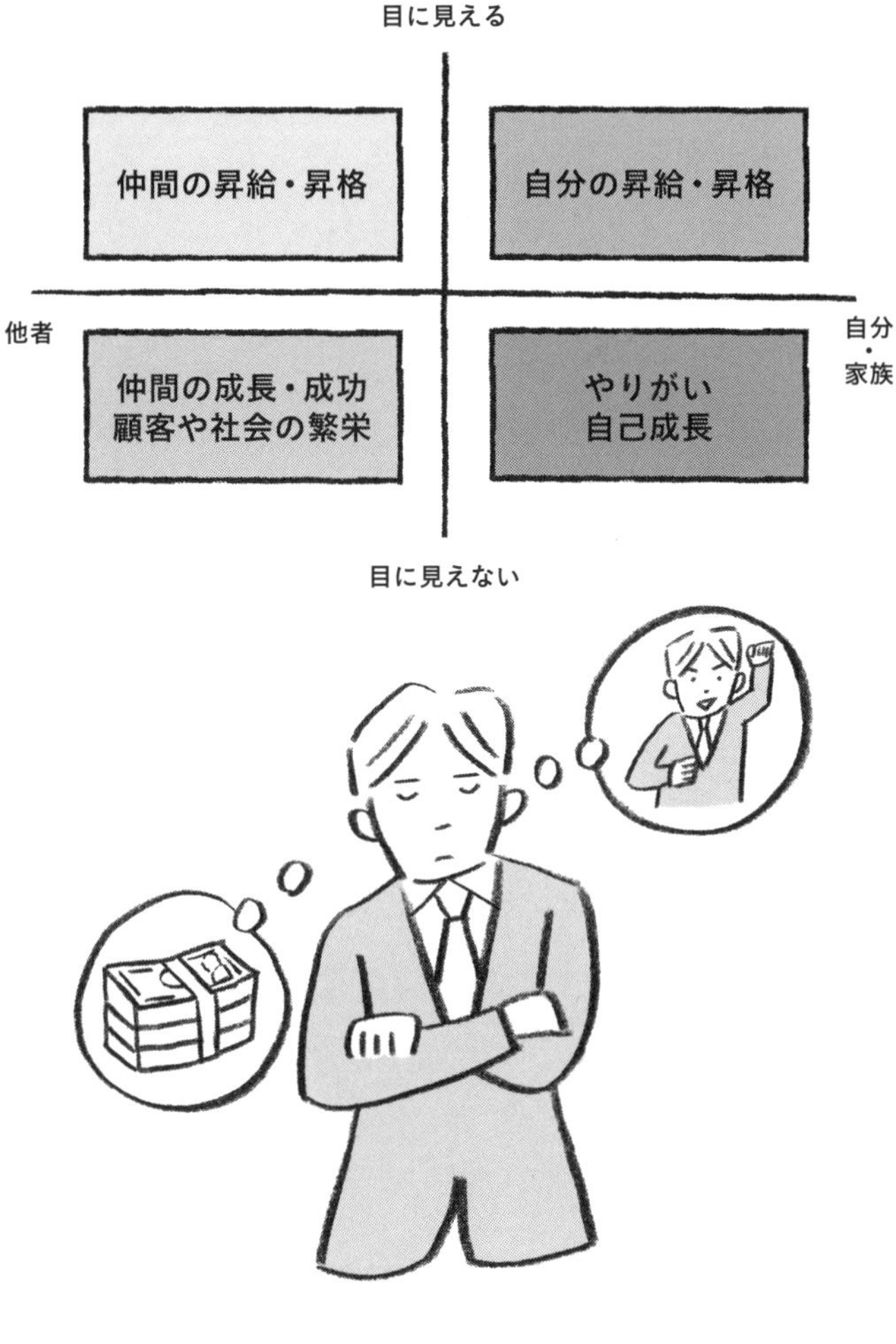
目に見える
仲間の昇給・昇格
自分の昇給・昇格
他者
自分・家族
仲間の成長・成功
顧客や社会の繁栄
やりがい
自己成長
目に見えない

と、4つのゾーンに入る言葉が書かれた図を見せてくれた。

「ここでまた、お二人にやっていただきたいことがあります」

「はい、なんでもやります。いやー、楽しいですね。大学の授業はこんなに楽しくないのに、ここでの学びはワクワクしますね」

屈託なく高橋くんが笑顔で答えた。

「やっていただきたいのは、お二人の仕事に対するこの4つのゾーンの動機の大きさを矢印の太さや長さで表してほしいのです」

「動機の大きさですか？　報酬に対する期待値みたいなものでしょうか？」

僕が尋ねると、マスターはニコッと笑って説明を続けた。

「はい、おっしゃる通りです。あまり深刻に考え過ぎずに、この記入例を参考に、それぞれのゾーンにどのぐらい重きを置いているかを矢印の太さや長さで表現してみてください。大体のイメージで結構ですので」

「分かりました。でも少し恥ずかしいような気がしますね。自分の欲をさらけ出すようで」

お金や見返りを期待するような話は人前ではするものではないという教育を受

図42　仕事の動機矢印

あなたの4つのゾーンの
動機の大きさを矢印の
太さや長さで表現してみましょう。

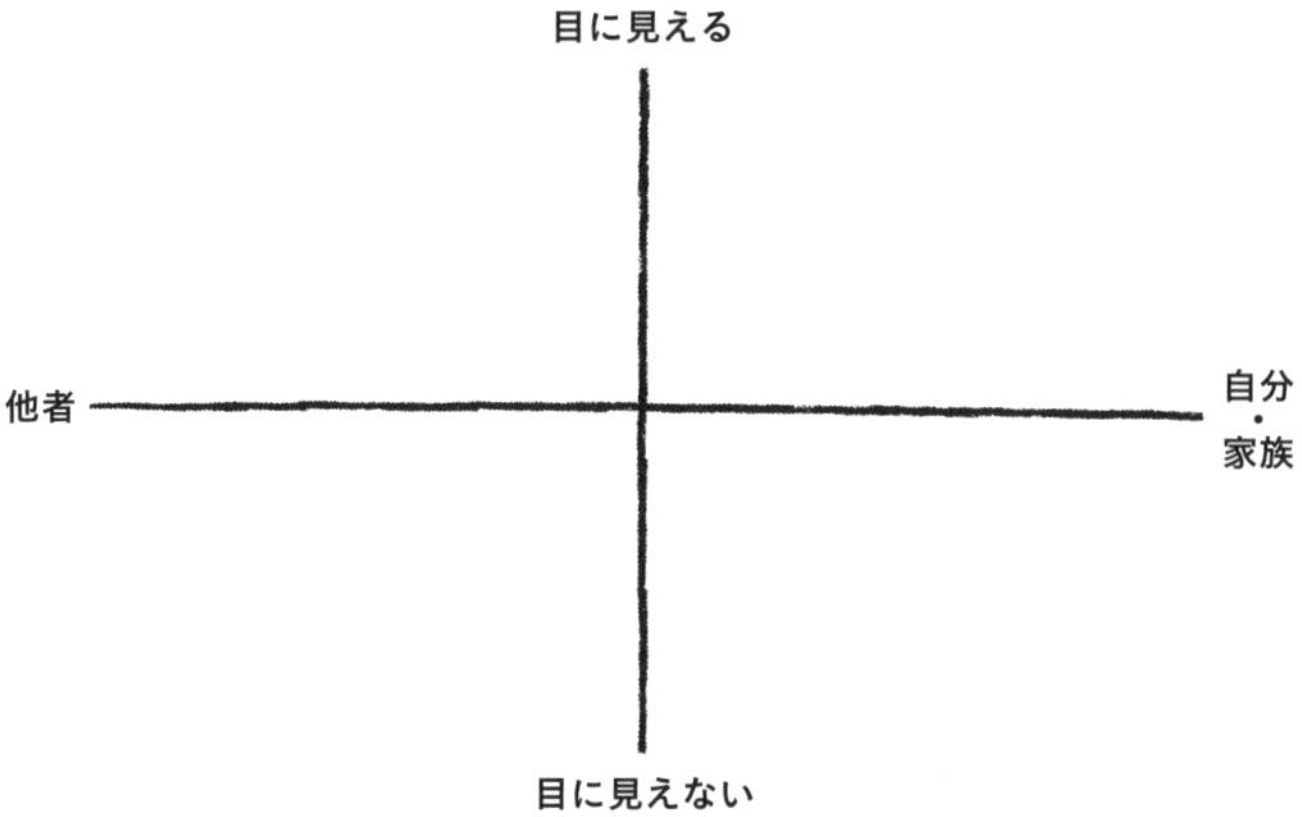

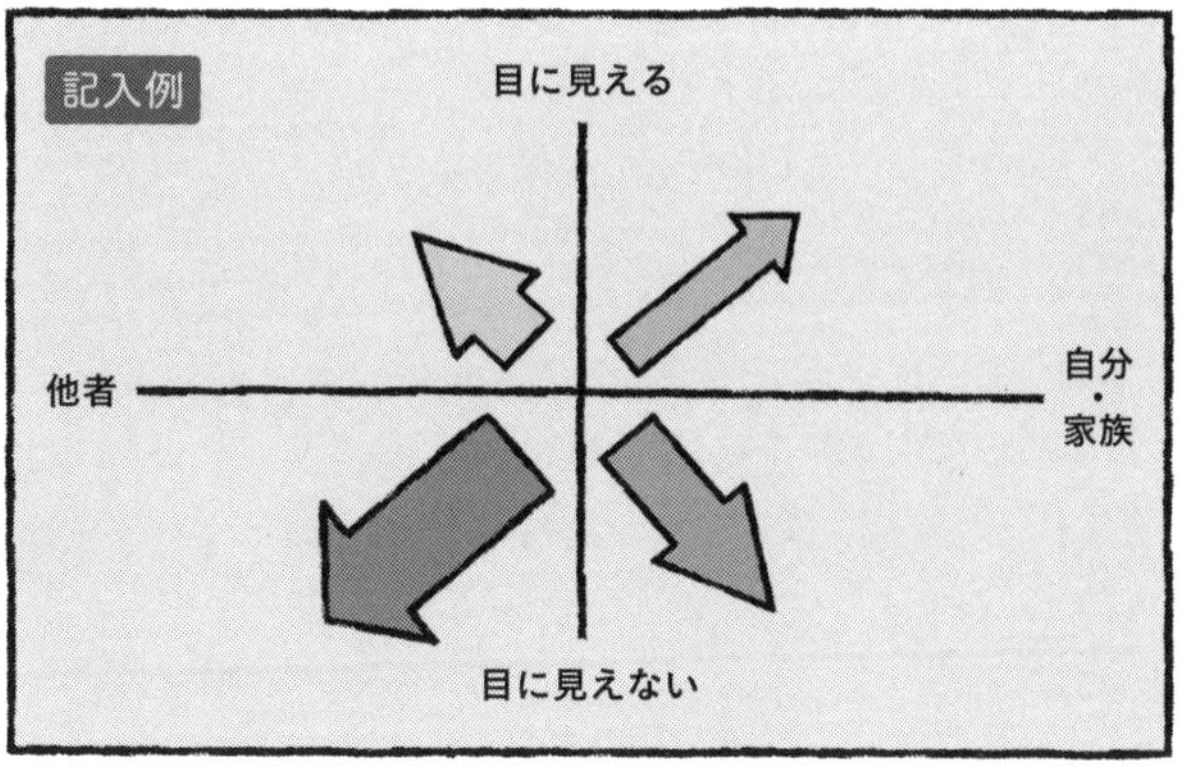

けてきたせいか、少々戸惑ってしまったのだが、マスターはそんな僕を促すように言った。

「どのゾーンが大きいのが正しいということではないですし、昇給や昇格も当然大事です。素直に、直感的に書いてみてください。あっ、それと高橋さんは、就職はこれからなので、バイトやインターンのときの経験や、今後を想像して書いてみてください」

動機矢印の強さ

「さて、矢印は書けましたか？」

どれくらい時間が経ったのか、しばらく本業をこなしたマスターが、また僕と高橋くんの前に戻ってきた。

「はい、なんとか。自分の心の中への問いかけをしているようで、難しかったですが」

マスターのところに来ると、普段はほとんどしない内省を本当に真剣にやっているなと思った。まず高橋くんが、自分の矢印を書き込んだものをマスターに見せた。

「僕は、給料はもちろん大事だと思いますが、意外とやりがいや自己成長が大きいですかね」

「あれ、でも高橋くん、そんなに矢印が伸びていないね？」

素朴な疑問を感じて僕は質問した。

「そうですかね？　僕は、自分と自分の家族がまぁ平凡に幸せに暮らせたらいいかなって思っているんです。そのためのお金は必要ですし、やりがいや成長もあったらいいなと思って」

マスターがうなずきながら続けた。

「一概には言えませんが、最近の若い方は、全体的に小さくまとまっている傾向があるかもしれませんね。絶対大金持ちになってやるとか、世界に挑戦したいとかではなく」

図43　動機矢印の強さ（高橋くん）

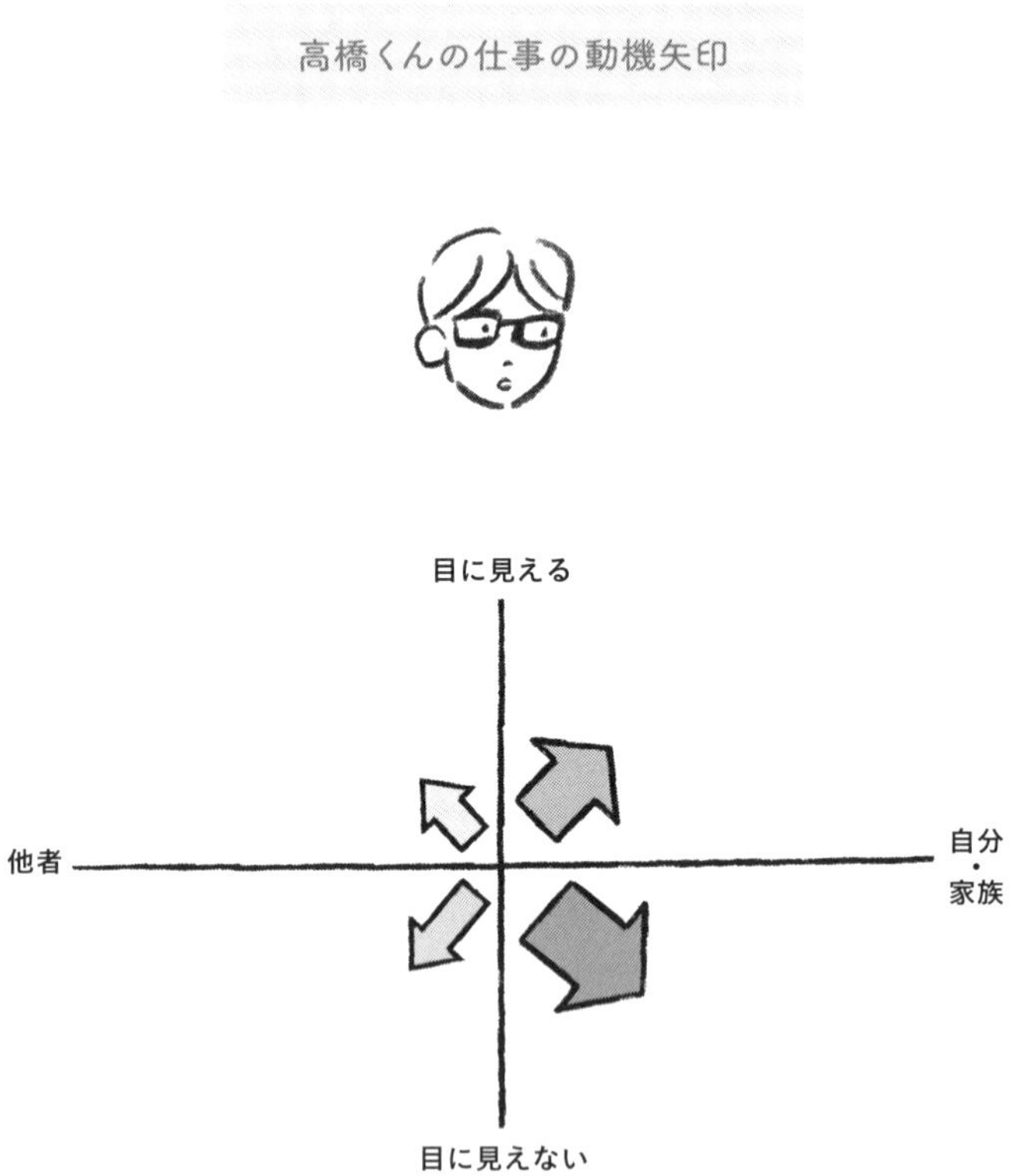

高橋くんが応じる。

「そうですね、そこまでハングリー精神は強くなく、学生の海外留学も減少傾向らしいです。仕事だけでなくプライベートの充実や社会貢献とかへの関心もそこそこ高いかもしれません。もちろん若者全てではないと思いますけど」

「そうか、僕たちが学生の頃はもう少しギラギラしてたかも」

「まあ、世代の傾向分析はこれぐらいにして、あくまで個人の動機にフォーカスしましょうか。すみません、私が言い始めたんですけどね（笑）。山田さんはいかがですか？」

「そうですね、まず給与や昇格には執着がありますね。これから結婚するので、家族をしっかり養いたいですし。それと自己成長ややりがいは僕にとって、とても重要ですね。これが無い仕事や人生は意味がないと思っています」

「なるほど、それでAとBの矢印が太くて長いのですね」

高橋くんが納得して言った。

「Cについては、チームのリーダーとして部下ができてから、彼らが頑張ってくれていることに対して、少しでも経済的にも豊かになってもらいたいと思うことが増えてきています。まだAとBに比較したら小さいですけどね。そしてDについても顧客企業がうちと取引したことを感謝してくれたときに、この仕事をして良かったと思えるようになってきました。もっと若いときは、顧客の満足より自分の営業成績を優先していたなと思います。でも、サンプルに書かれているような世の中の幸せや発展のような社会貢献的な気持ちが強いかと言われれば、正直に言ってそこまで余裕がないかなと思います」

「別に無理にCやDの動機を持ちましょうという話ではないですから」

マスターが少し申し訳なさそうに言った。

「お二人とも、素直な気持ちを教えていただきありがとうございます。この図からどんな傾向が分かるかを表したのが次の図になります」

マスターがいつも通りサッと次の図をテーブルの上に置いた。

図44　動機矢印の強さ（山田さん）

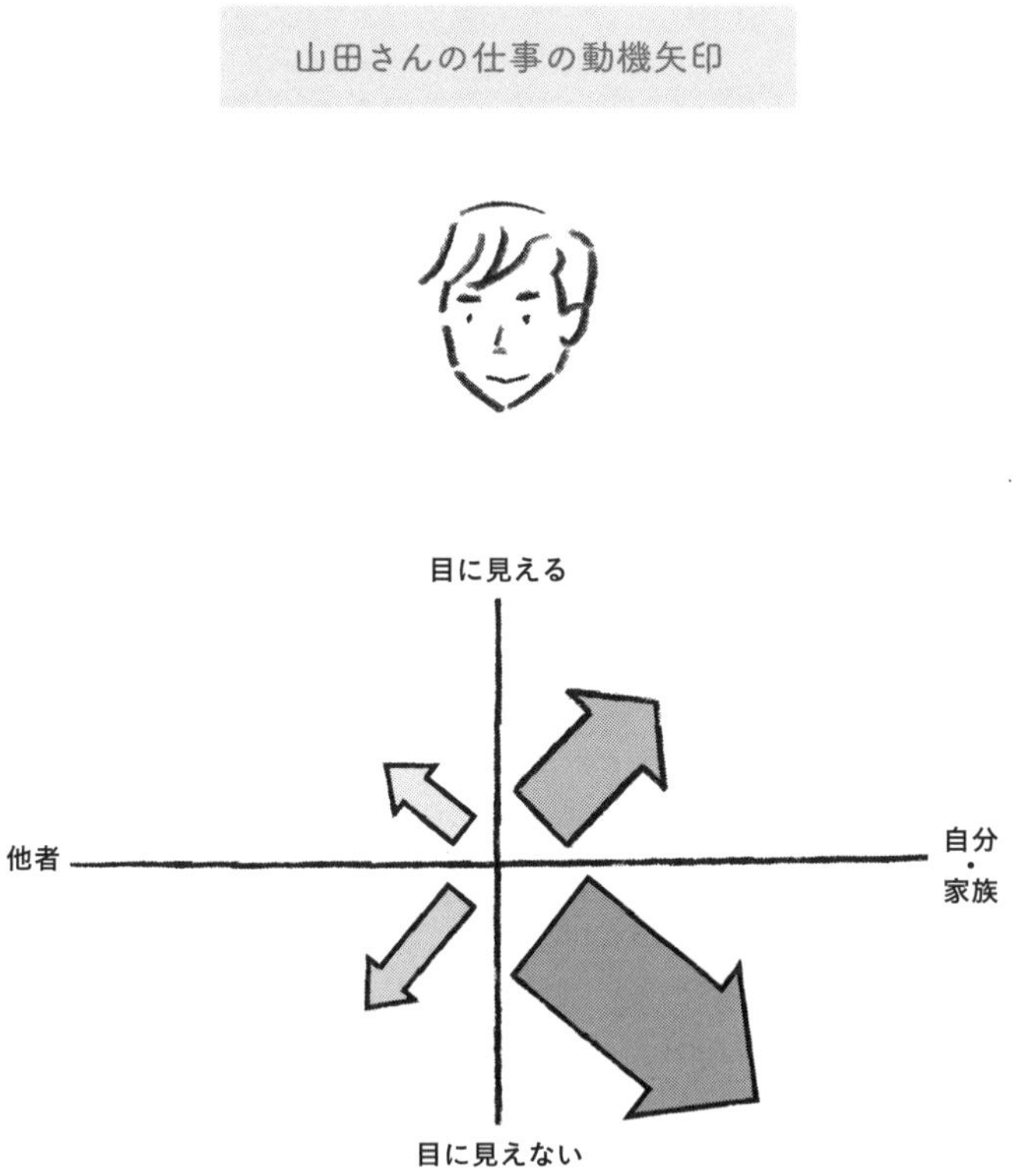

モチベーション傾向

「この5つのパターンは、あくまで強く強調して表現したらこう表現できますということです。その前提で見ていただけますか？」

「なるほどAゾーンが強いのが、『物質的成長重視型』か。若いときやハングリー精神が強い人にありがちですね。そうだ、さっきの1人目の石工もこのタイプですね」

高橋くんは、本当に飲み込みが早い。

「Bゾーンは『自己実現重視型』ですか。このタイプの人は僕の周りにも多い気がします。2人目の石工はまさにこのタイプですね。それと、いろいろと自己成長すれば、結果的にAゾーンの収入も上がるんじゃないですかね」

「この4つのゾーンは因果関係もありそうですね」

「Cゾーンは『親分型』。以前の上司がこのタイプに近かったと思います。『俺が

図45　モチベーションの傾向

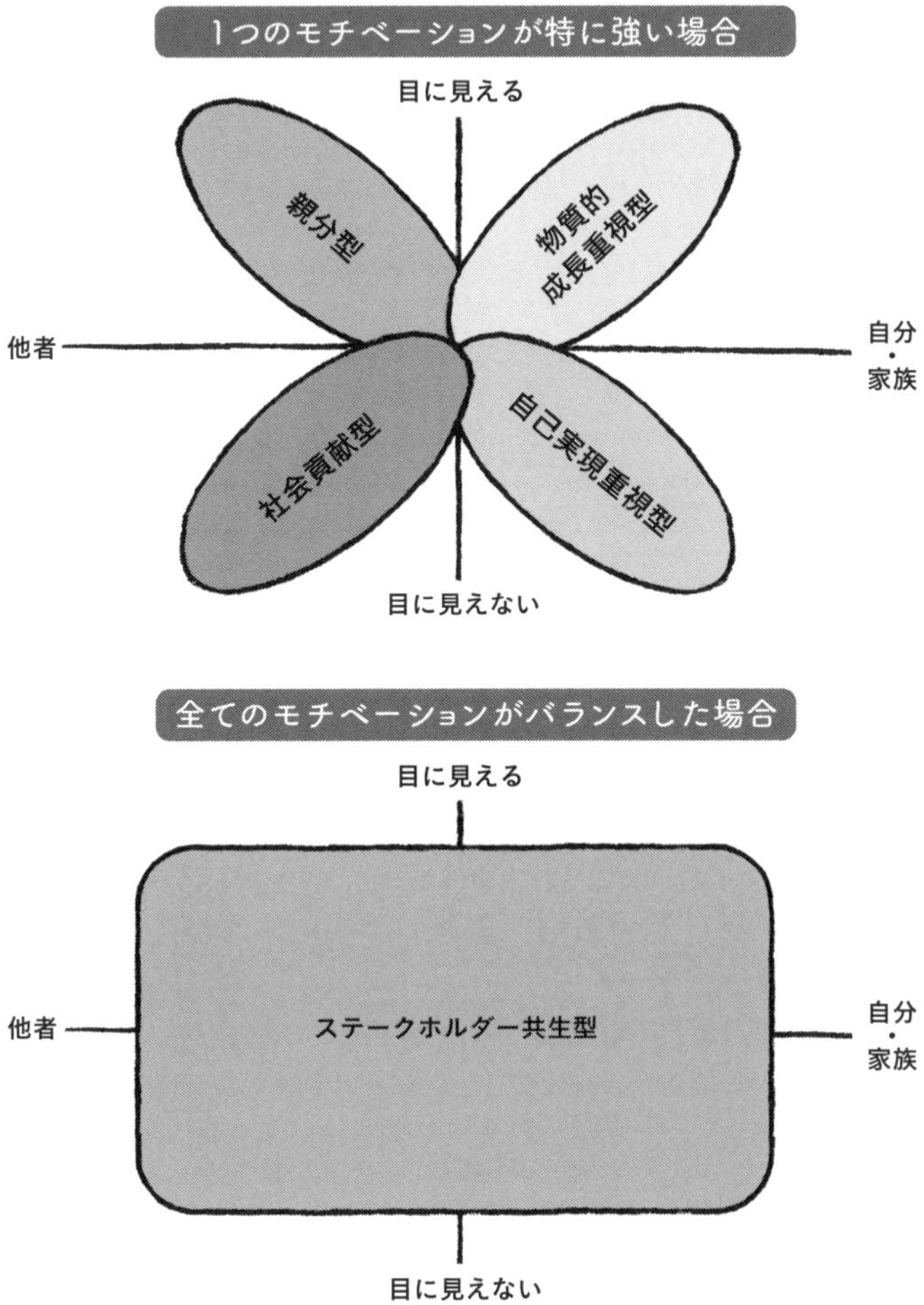

チームや部下を絶対に守ってやる』とか『みんなの給料が上がるために』のようなニュアンスの会話が結構ありましたし、達成祝いとかでよく飲みにも連れて行ってくれました。僕も最近はその気持ちが少し分かるようになってきました。ただ、ここの部分だけが強すぎると、会社の方針より、チームのことが優先されてしまうリスクもあったかもしれません」

「やりすぎも良くないんですね」

高橋くんが、なるほどという顔でうなずく。

「Dゾーンは『社会貢献型』。仕事を通じて何らかの社会貢献にはなっているでしょうけど、社員一人ひとりが意識しているかどうかは分かりませんね。ついつい自分や会社の利益を優先してしまいがちですね。最近の大企業のいろいろな不祥事も、このマインドが薄れているから起きている気がします。先ほどの3人目の石工はこのタイプですね。ボランティアを積極的にする人もこのゾーンのマインドが強い人ですね」

「あぁ、僕の友達に、今海外協力のボランティアをしていて、将来はNPOに入りたいという人がいます。現地の人の笑顔が最高にうれしいって言っていました。

他者愛が強いということでしょうか。僕はまだまだの部分ですね」

高橋くんがまた、誰かを想像しながら納得した顔をしている。

「お二人にしっかり解説いただいたので、私から説明する必要がなくなりました。ありがとうございます（笑）。高橋さん、ここまでのお話で、高橋さんが山田さんに投げた〝なぜ仕事をするのか？〟という疑問に対して何か気づきはありましたでしょうか？」

急に質問を振られて、少しキョトンとした高橋くんが、考えながら話し始めた。

「はい、まず一つ気づいたことがあります。それは〝なぜ仕事をするのか？〟という問いに対して、誰かから答えを教えてもらうべきものではないということです。その答えは、実は自分の中にあることが今日のお話の中で分かりました。そして、その自分の中の答えにアクセスする方法やヒントをマスターからいただけたと感じています」

高橋くんの気づきのレベルが高いことに僕は驚いた。

「その上で、現在の僕が働く動機を内省することができました。僕はまだ経験や苦労が少ないことや、性格からくることもあるのでしょうが、他者に対する想いや行動が動機になっていない未熟さがあることも分かりました。多分、今後就職をして、壁や試練に立ち向かうことを体験することで、先ほどの各ゾーンにおける矢印の大きさやバランスも変化、進化していくんだろうと思っています」

「高橋くん、若いのにすごいな。僕が学生のときは、そんな立派な気づきはできなかったと思うよ。女の子のこととか遊びに夢中だったし（笑）。もっと早く、マスターの話を聞いていたら違っていたかもな」

「そうですね、高橋さんの理解や気づきは素晴らしいですね。この図や考え方に正解はありません。いろいろな意味を含んでいますし、人それぞれ感じることや気づきがあるものだと思います」

動機をどう捉えるか

「ちなみに、動機に関して、私の気づきや意味を箇条書きにしてみたのがこちら

図46　マスターの手帳（動機のポイント）

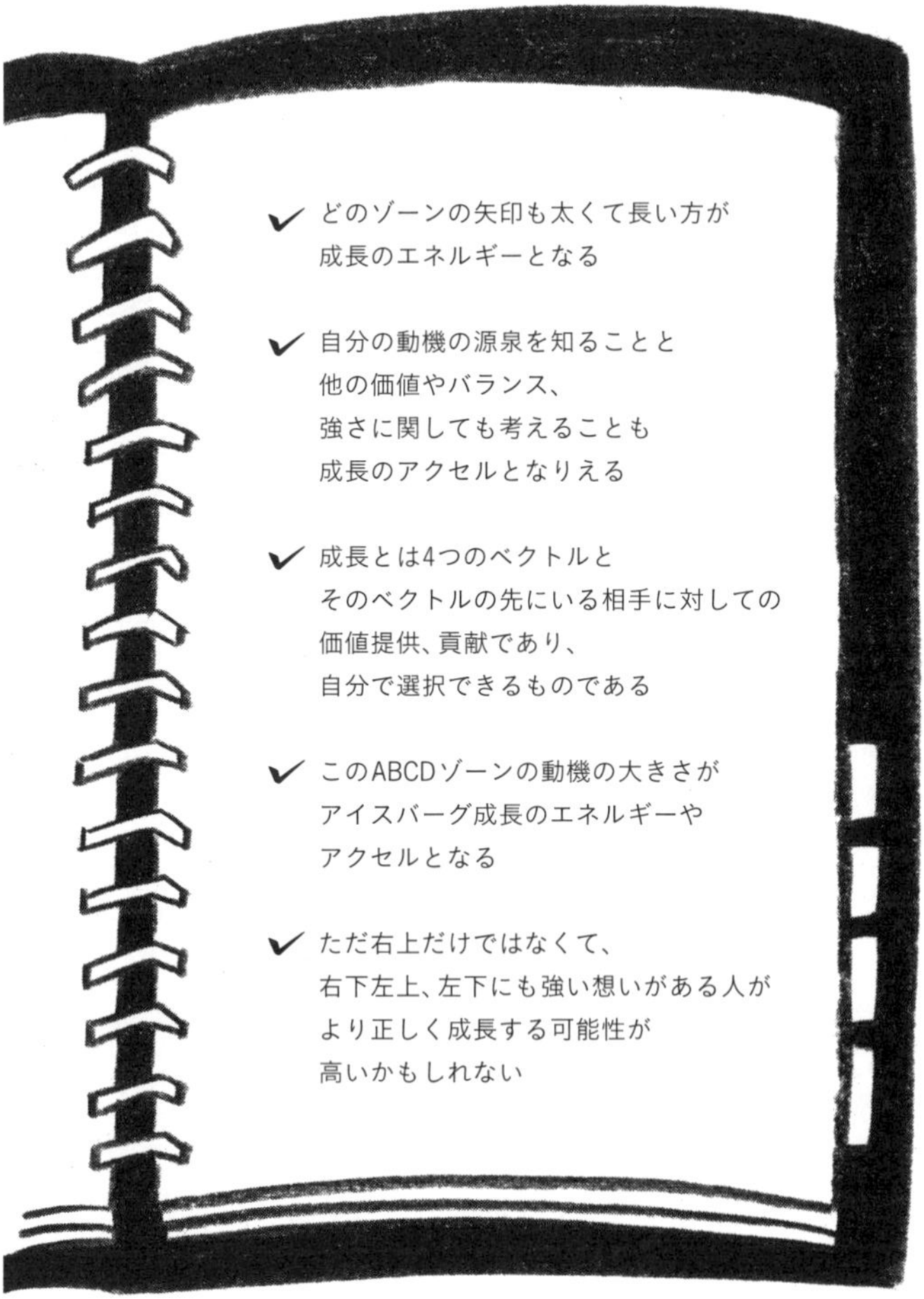
✓ どのゾーンの矢印も太くて長い方が成長のエネルギーとなる
✓ 自分の動機の源泉を知ることと他の価値やバランス、強さに関しても考えることも成長のアクセルとなりえる
✓ 成長とは4つのベクトルとそのベクトルの先にいる相手に対しての価値提供、貢献であり、自分で選択できるものである
✓ このABCDゾーンの動機の大きさがアイスバーグ成長のエネルギーやアクセルとなる
✓ ただ右上だけではなくて、右下左上、左下にも強い想いがある人がより正しく成長する可能性が高いかもしれない

です。しつこいようですが、これもあくまで正解とかではなく私の私見です」

マスターは先ほどの手帳の別のページを開いて見せてくれた。

「この図に、こんなにいろいろな視点や意味があるんですね。本当に深いですね」

僕は、あらためてマスターの教えのすごさを噛み締めた。

「マスター、ありがとうございます。仕事をする意味を深めるために、真剣に仕事をする勇気が湧いてきました。自分の時間を売って、お金に換えるだけが仕事ではないことが分かって、就職することにワクワクしてきました。もちろん、辛いこともあるでしょうが、以前は、もっと仕事に対して悲観的で怖くもあったんですが、大分変わった気がします」

高橋くんが明るい顔で言った。

「少しでもお役に立てたのであれば良かったです。仕事って、心持ち一つで私たちを大きく成長させてくれる大事なものだと私は思います」

相変わらず、押し付けないけれど、みんなをポジティブで主体的にさせるマスターのメンタリングに感心してしまう。

「ところで、マスターの矢印はどんなですか？」

図47　動機矢印の強さ（マスター）

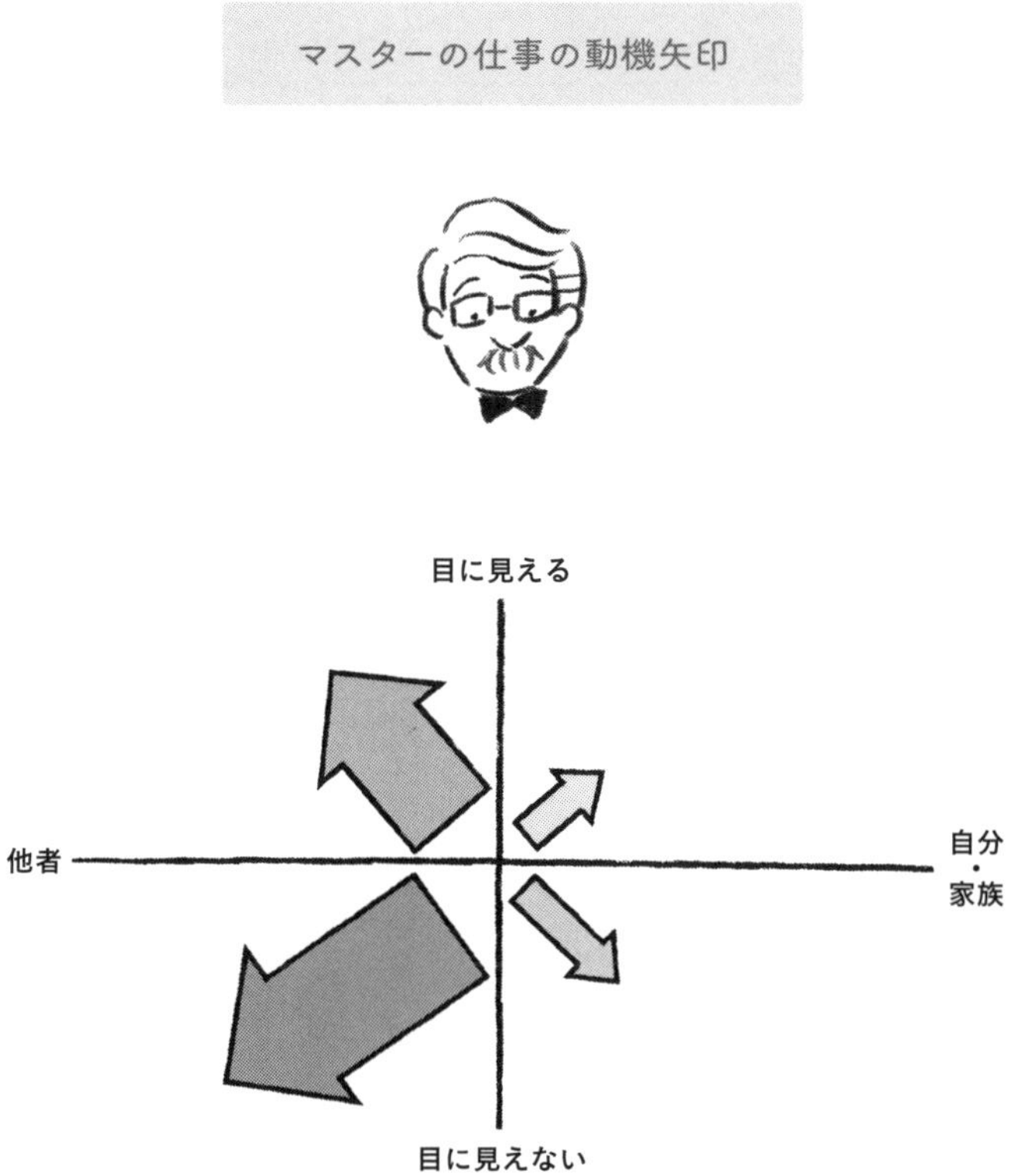

僕は抑え切れない興味から、我慢しきれずに聞いてしまった。

「私も若いときはお二人のような形だったと思います。ただ今はこんな形かと思います」

そういってマスターが紙に書いてくれた。

「Aが小さくて、B、C、Dと段々大きくなっていますね」

「はい、昔から、あまり物質的欲求は強くなかったんです。もちろん、今よりは強かったとは思いますけれども。現在は、次の世代の人たちの成長のお手伝いができたらいいなと思っています。その方たちが成長すれば、社会もより良くなっていくと信じて、私ができることには魂を込めて取り組んでいるつもりです」

「なるほどですね。マスターのお話の深さや説得力は、お人柄とかコーチングスキルとかだけのことでなく、信念や動機の正しさや強さからくるものなのですね」

「お恥ずかしいです。普段あまりしたことがない話ですし」

静かに微笑むマスターを、僕はますます好きになった。マスターは、僕の笑顔に応えたあと、高橋くんに顔を向けた。

「あまり、具体的ではなかったですが、こんな話で良かったですか？」

「はい、もちろんです。とても勉強になりました。おかげでより前向きに仕事に向き合えると思います。本当にありがとうございます。山田先輩、今日こちらに連れてきていただき、感謝しています」

そう言って一礼し、高橋くんは先に帰っていった。後ろ姿が、今日初めて会ったときより一回り大きくなったように見えるのは気のせいだろうか。

＊　＊　＊

高橋くんが帰ったあと、何杯目かのコーヒーを飲みながら、今日の話を思い返していると、マスターがカウンターの向こうから僕に向かってこうつぶいた。

「さあ、山田さん、いよいよクライマックスですね」

「え、どういうことですか？」

「私が山田さんにお伝えしたかった、成長の原理原則を、今日で全てお話することができたってことです」

そう言ってマスターは、初めてこの店に来たときに見せてくれた『成長の地図』

をテーブルの上に置いた。

「山田さんなら、もうこの地図が何を意味するのか、全て理解できていると思います」

「マスターにそう言っていただけるとうれしいですが、マスターの教えをしっかり理解できているか心配ではあります」

最終試験のようで、緊張している自分がいた。

「えーと、まずこの地図の中心はアイスバーグの成長を表していて、意識や習慣、スキルの3つの層の大きさとバランスとが自己成長なんですよね。そして、左の逆向きの矢印が、〝悩みブレーキ〟と〝大きな子供ブレーキ〟で、ほとんどの人が、アクセルと同時に2つのブレーキを踏んでしまい、自分の成長の可能性を阻害してしまうんですよね」

「はい、山田さん、さすがですね」

ここまでは、仮免試験を通ったみたいなものだ。

「そして、右の2つの矢印は……。あれっ、この2つのアクセルの名前は教えていただきましたっけ？　すみません、忘れてしまったかもしれません」

図48　成長の地図

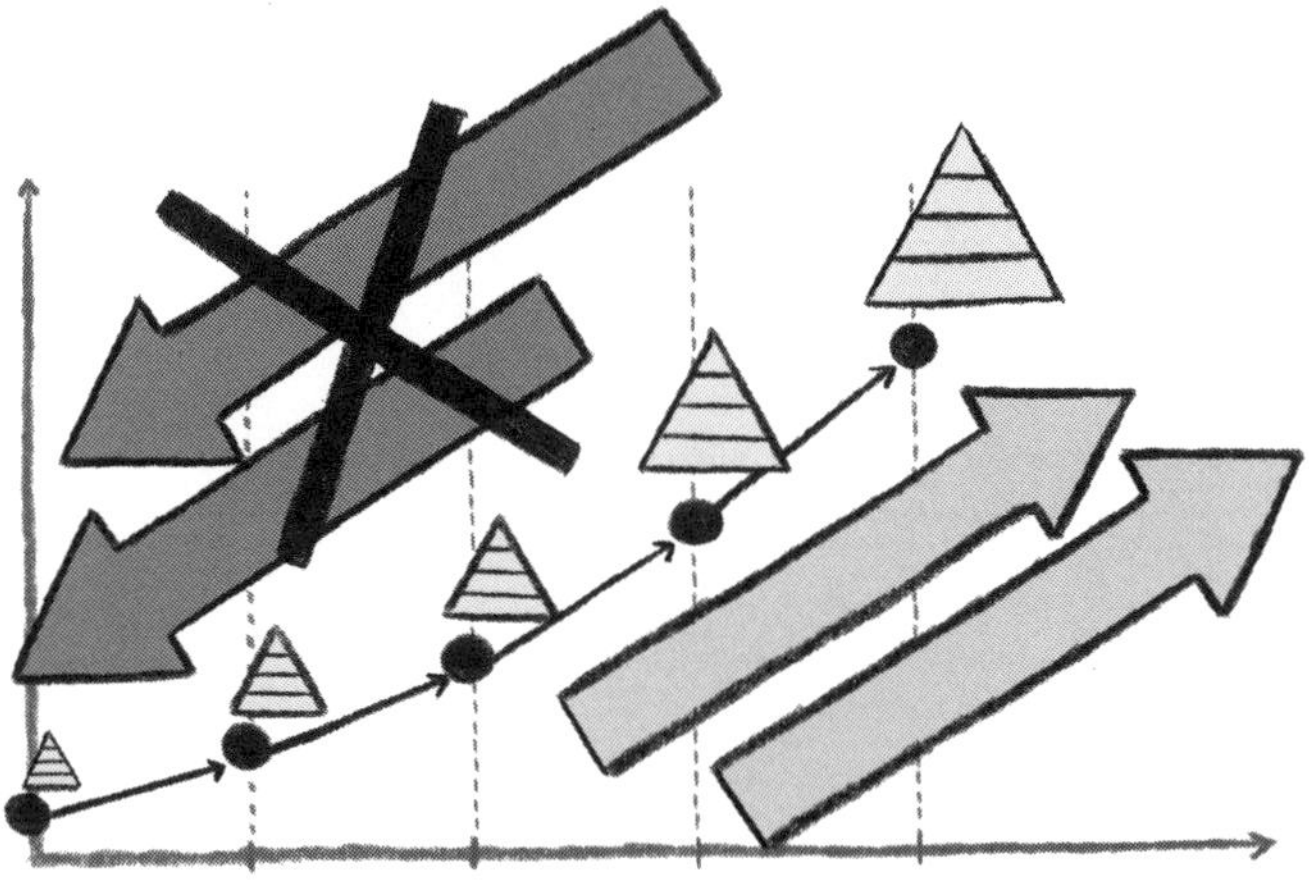

もともと記憶力に自信のない僕は、大事なことを忘れてしまったと、大きく落ち込んだ。

「いえいえ、実はその2つのアクセルのことは、お友達の伊藤さん、後輩の高橋さんの前でも出てきてはいましたが、名前まではお話ししていませんのでご安心ください（笑）」

「いやー、忘れたんじゃなくて、ホッとしました。実はマスターとお話ができた日は、あとで気づきや学びを手帳に書いて、いつも見直していたので、それでも忘れたとしたらやばいなと焦りました。マスター、この2つの矢印の名前を教えてください」

「もったいぶってお話ししなかったわけではなかったんですけれども(笑)。まず、1つ目のミッション、ビジョンの矢印は〝自分理念・自分軸アクセル〟と名付けています」

「なるほど、自分理念や自分軸をしっかり持っていれば、その理念の方向に向かって進めるし、その方向から逸れそうになったときに、自分軸がブレなく、軌道修正してくれるんですね」

「はい、私はそう信じています。もう1つの矢印が〝正しく強い動機アクセル〟です。まさに本日、高橋さんの質問『なぜ仕事をするのか？』で考えていただいたものですね。人は、その動機の正しさや強さによって成長スピードが上がると私は思います」

「うーん、これで〝アイスバーグの成長〟〝2つのブレーキ〟〝2つのアクセル〟という5つの要素がきれいにコンプリートされたわけですね。何と言ったらいいのか、言葉が見つかりませんが、今すごく感動してます。目からうろこって、まさにこのことだと思うし、原理原則や本質って、こんなにシンプルで分かりやすく図になってしまうものなんですね。今まで散々悩んでいたことが嘘のような、無駄足だったような。もっと早く知りたかったです」

僕は上手にまとめることができず、とりとめもなく感想を伝えた。

「はい、学びや気づきは本当に人それぞれですし、正解もありませんから、山田さんなりに感じていただき、今後の人生の成長の糧にしていただけたら幸いです」

マスターは常に、謙虚で恩着せがましくない。僕のような若造にはもっと偉そうな態度でもいいと思うんだけど。

「マスター、本当にありがとうございました。マスターからの成長に関する学びは本当に僕にとってかけがえのないものとなりました。常に自分の指針として活用させていただきます。最後に1つだけ質問させていただいていいでしょうか?」

「はい、別にこれで最後ではありませんが、どうぞ(笑)」

この茶目っ気も相変わらずで、ますますファンになってしまう。

マスターの動機と目的

「マスターが、若い人たちの成長のサポートをしたいというお話は、仕事の動機矢印のときに聞きましたが、なぜ、そのような動機をお持ちになったのか教えていただけますか?」

「そうですね、私がDゾーンの中で特に次の世代の人たちの成長の応援をしたい理由は、いろいろな経験が積み重なってではありますが、大きく2つあります」

少し真剣な表情で話を続ける。

「まず1つ目は、以前会社の役員をしていたときに得たことです。そこでは毎年たくさんの社員を採用していたんですが、社員が増えれば増えるほど、その社員や家族の人生に対しての責任感も増していきました。一緒に大きな志に向かって挑戦していくほど、彼らに本当に物心両面で成長して幸せになってほしいと思いました。それに、この社会がより良くなっていくには、正しく大きなアイスバーグを持った人たちが増えていく必要があると思ったのです」

そんなに大きな会社の役員だったのに、なぜ今カフェのマスターをやっているんだろう？　素晴らしいマスターの想いを聞かせてもらっているときに不謹慎ながら、一瞬そんなことを考えてしまったけれど、それでもマスターの他者に対する愛情の深さは十二分に感じた。

「その時代に、たくさんの社員の成長を考えて、今回山田さんにお伝えした話の骨格をつくって研修もしていたんですよ」

なるほど、そういう経験があったから、こんなに深い内省ツールができたんだ。

「2つ目は、私の父親からの学びです。私の父は、第二次世界大戦の終戦時に満州で捕虜になり、シベリアに抑留されていました。想像を絶する過酷な環境で過ごすことを強いられ、2年間を経て帰還しました。その体験からとても愛情深い人で、事業を発展させて地域に貢献し、多くの方々から尊敬もされていました。そんな父のことを私も尊敬していたのですが、あまり親孝行的なことはできておりませんでした。父の晩年、私は受けた愛情に対して、何か報いることをしたいと話したのです。すると父から『それは私に返す必要はない、次の世代の人たちに返してください』と言われました。それが私の理念や軸の1つになっています」

「そうだったんですか……。素晴らしいお話ですね」

目頭が熱くなる。気の利いた感想も言えない自分に腹立たしさと情けなさを感じる。マスターに、そんなすごい人格者のお父さんがいたことにも納得だった。

「ですから私の話は、父親をはじめとした多くの先人や先輩、ロールモデルの人たちから学んだものなのです。それらを1つにまとめただけですので、私は伝道者みたいなものですね」

マスターの話は表面上のテクニックや、経験のない評論家的な話なんかじゃない。本質的で心に響くのは、愛情や信念を持った先代たちからバトンタッチされた想いが入っているからなんだと再認識した。

マスターが他のテーブルを片付けている間、僕はマスターと初めて会った日から今日までを振り返っていた。三叉路理論、結果は選択できないが行動は選択できる、関心の輪と影響の輪などの言葉やアイスバーグの図、強く正しい動機の図などを思い返したり、大きな子供が自分の中にもいることに気づかされたことなどを思い浮かべたりしていた。

部下の悩みも友達の課題も彼女の問題も後輩の相談にも乗ってくれたマスター。彼の背景に先代から受け継いだ意思のバトンが隠されていただなんて……。

「ふー」

僕は深い息を吐いた。これは初めてこのカフェに来たときについた深いため息ではなく、とても心地の良い、安心した気持ちから出た深い息だった。もっとマスターのことが知りたいし、もっとたくさんのことを学びたい。それに、マスターの謎の経歴のことも。

いったんこのレッスンがコンプリートしてしまって寂しいけど、ちょくちょく寄らせてもらおう。戻ったマスターに僕は元気良く言った。

「マスター、また、来てもいいですか？」

「もちろんです。うちはカフェですから。予約もいりませんよ(笑)。今回の学びの上にたくさんの体験を重ね、さらに成長した山田さんのお話をお聞きするのを楽しみにしています。あっ、ごめんなさい、団体のお客様が入ってこられたので」

「はい、大丈夫です。ありがとうございました。また、来ますね」

結局またマスターの謎の部分は聞けなかったけれど、店も混んできたので、またの機会にしようと思い、素早く会計を済ませて、外に出た。

*　　*　　*

風が暖かい。パステルカラーの洋服が目に飛びこんでくる。大通りの桜並木には、蕾がちらほら目につき始めた。こんな細かい変化に、去年までは気づくことすらなかった。でも、今年は桜が成長し、自分も少しずつ変化しているように思えている。今日会った高橋くんにも変化を感じた。部下たちも成長して、毎日わずかだけど、それを感じられるようになった自分が少しうれしかった。

マスターと出会って1年足らずで思わぬ成長をさせてもらったなと思う。「なぜ、成長できないんだろう」と悩んでいたときもあったけれど、今思えば、成長するというのは、とてもシンプルなことなのだ。成長の原理原則を理解して、〝2つのブレーキ〟と〝2つのアクセル〟をうまく操作し、〝アイスバーグの成長〟を目指す。それはなんともワクワクとする作業ではないか。

僕はジャケットのポケットから1枚の紙を取り出した。初めてカフェを訪れたとき、マスターが僕にくれた『成長の地図』だ。ずっと持って眺めていたから、少しくたびれてきたけれど、これを見るたびに、体の中からパワーが湧いてくる気がするのだ。これからもいろいろなことがあるだろうが、今の僕には、この地図がある。人生という長い航海にも前向きに乗り出していきたいと思う。

「よし、これからも成長するぞ！」

思い切り深呼吸をすると、沈丁花のいい香りがした。新しい生命が生まれ、新しい風が吹く、いつのまにかそんな躍動感のあふれる季節になっていた。

図49　第5章ふりかえり

**第5章に出てきた図やイラストをもう一度見て、
気づきや学びをふりかえってみましょう。**

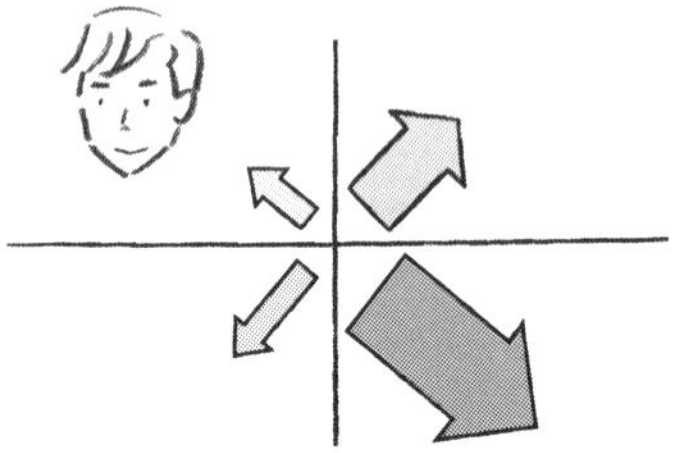

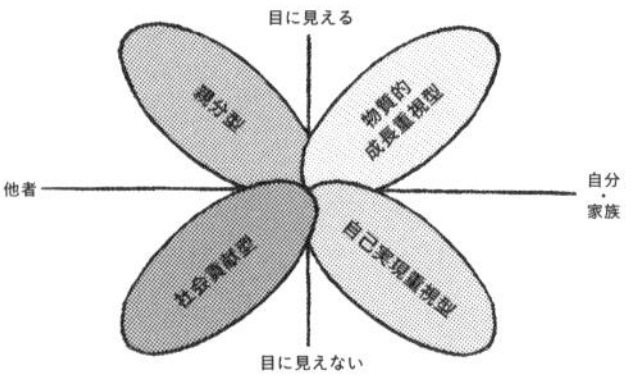
目に見える
親分型
物質的
成長重視型
他者
自分
・
家族
社会貢献型
自己実現重視型
目に見えない

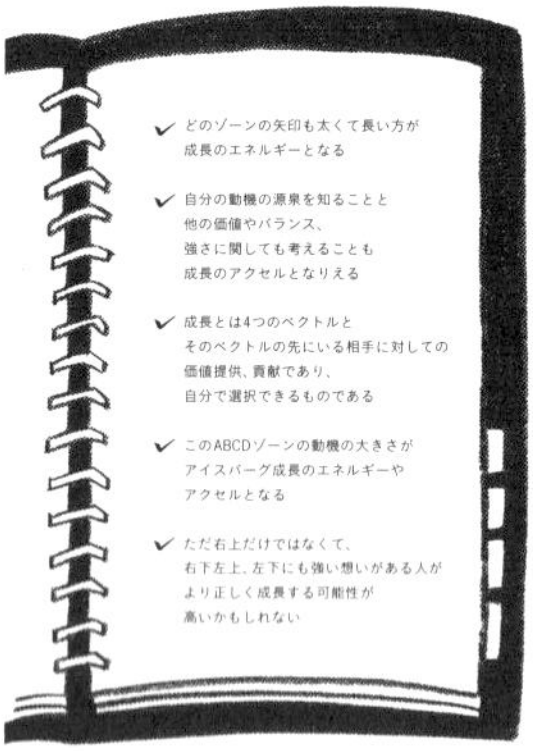
どのゾーンの矢印も太くて長い方が
成長のエネルギーとなる
自分の動機の源泉を知ることと
他の価値やバランス、
強さに関しても考えることも
成長のアクセルとなりえる
成長とは4つのベクトルと
そのベクトルの先にいる相手に対しての
価値提供、貢献であり、
自分で選択できるものである
このABCDゾーンの動機の大きさが
アイスバーグ成長のエネルギーや
アクセルとなる
ただ右上だけではなくて、
右下左上、左下にも強い想いがある人が
より正しく成長する可能性が
高いかもしれない

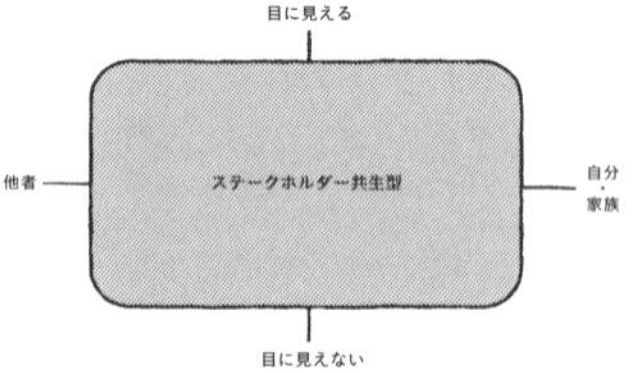
目に見える
他者
ステークホルダー共生型
自分
・
家族
目に見えない

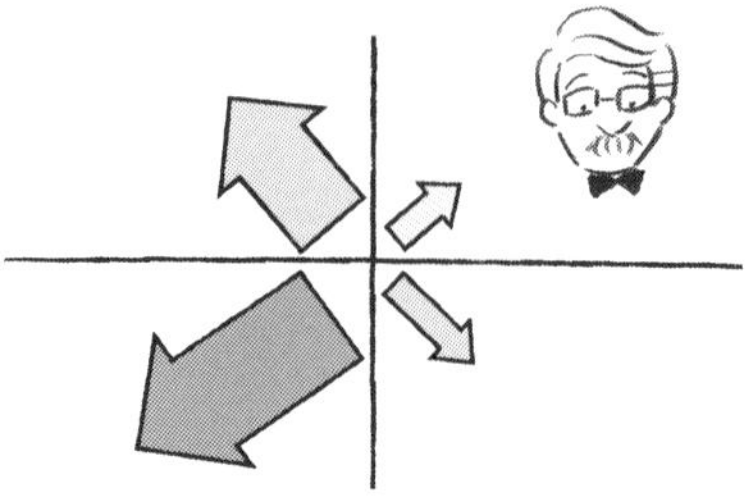

図50　本書のまとめ

成長の5原則

(1) バランスのよい
アイスバーグの成長

(2) 悩みブレーキを外す

(3) 大きな子供ブレーキを外す

(4) 自分理念・自分軸アクセルを踏む

(5) 正しく強い動機アクセルを踏む

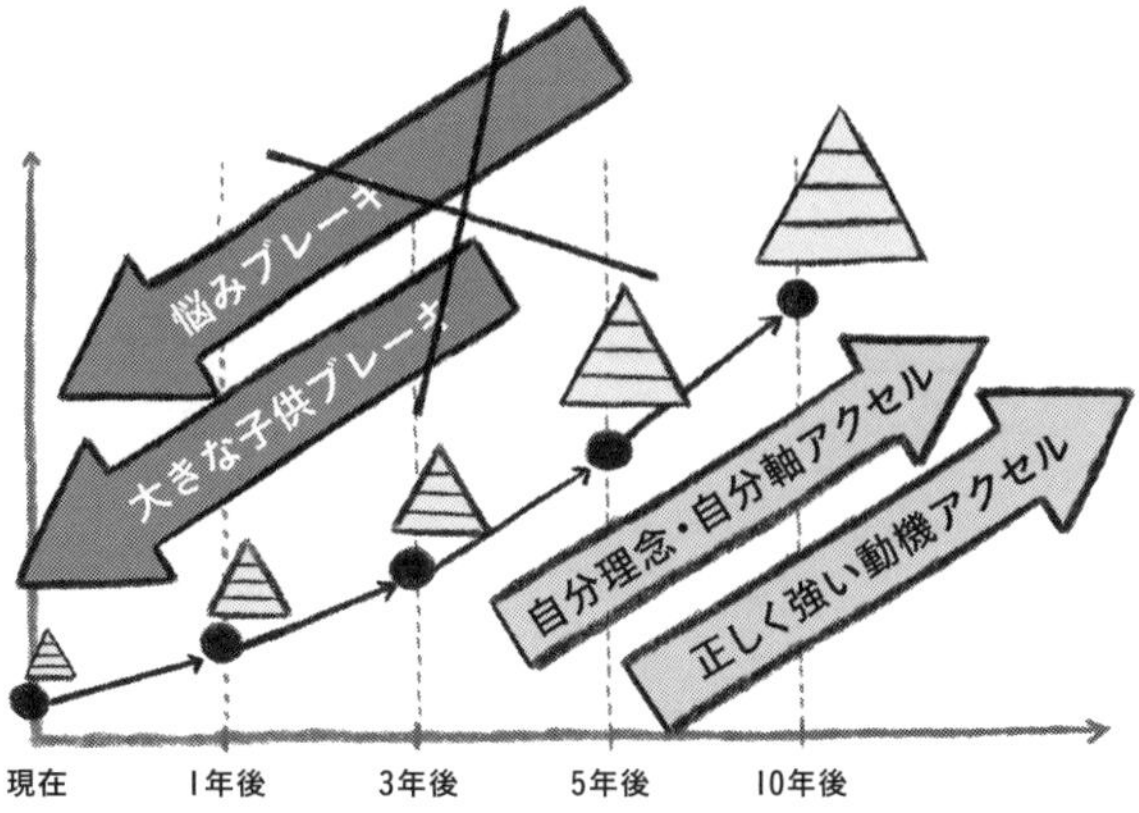

エピローグ

カフェのドアが、キィっと軽くきしむ音をあげた。

「いらっしゃいませ。おや、お久しぶりですね」

入って来た男性にマスターは、人懐っこい笑顔を向けた。

「お元気でしたか？」

「ええ、おかげさまで。マスターも元気そうですね。今日はちょっと近くまできたものだから」

そう言って、男性はカウンター席に腰掛け、コーヒーを注文した。サイフォンをセットしながら、マスターが尋ねる。

「最近はいかがですか？　相変わらずお忙しいのですか？」

「実は、今、本を書いていましてね」

「ほぉ、ご自分の本を？」

「ええ、『成長』について書いた本なんです」

男性は、少しはにかみながら答える。

「それはいいですね！　いつもおっしゃっていることをまとめられたのですね？」

「そうです。多くの人が無意識のうちに、自分にブレーキをかけながら生きている。それに気づいて、ブレーキを踏まない方法を知ったら、もっと楽に生きられると思うんですよね。それをどうしても伝えたくて」

「分かります。私も同意見ですよ」

マスターが、ニコニコしながら相づちを打つと、男性はさらに話を続けた。

「ものごとの捉え方次第でその後の行動は随分変わります。でも、どう考えるかを決めているのは自分なんですよね。自分で自分の成長を阻害しない、成長を促すような考え方をしてほしいと思いましてね」

「おっしゃる通り。同じ事象でもいろいろな捉え方、考え方ができるものですが、そのことに気がついていない人は多いですからね」

すると、男性は持っていたカバンに中から1枚の紙を取り出し、カウンターに置いた。

「おや、これは？」

「マスターってお客さんと話すときにいろいろな図を使っていますよね？　私もそうなんです」

と、男性は笑い、取り出した図の話を続けた。

「これは、視点や視野、視座を表した図です。大抵の人は無意識のうちにものごとを同じ場所から捉え、判断しようとします。そして、その場所で壁に当たって悩んだり苦しんだりするんです。でも、ものの捉え方や考え方は、高さ、広さ、長さ、深さなど、様々に類別できますし、そのレベルにも差があります。そのことを理解してもらいたくてこの図を作りました」

「ものごとをどこから見るのか、どの範囲で見るのか、長期的な視点を持ったり、より深く考えたりする大切さが、この図を見ると直感的に理解できますね」

「そう言っていただけるとうれしいです。しかし、一方的に『こういう考え方がある』と言っても、人はなかなか腹落ちできないものです。そのために、著書の中にもたくさんの図やワークシートを入れました。自分で考え、体験しながら、自著者直筆による「視点・視野・視座の図」

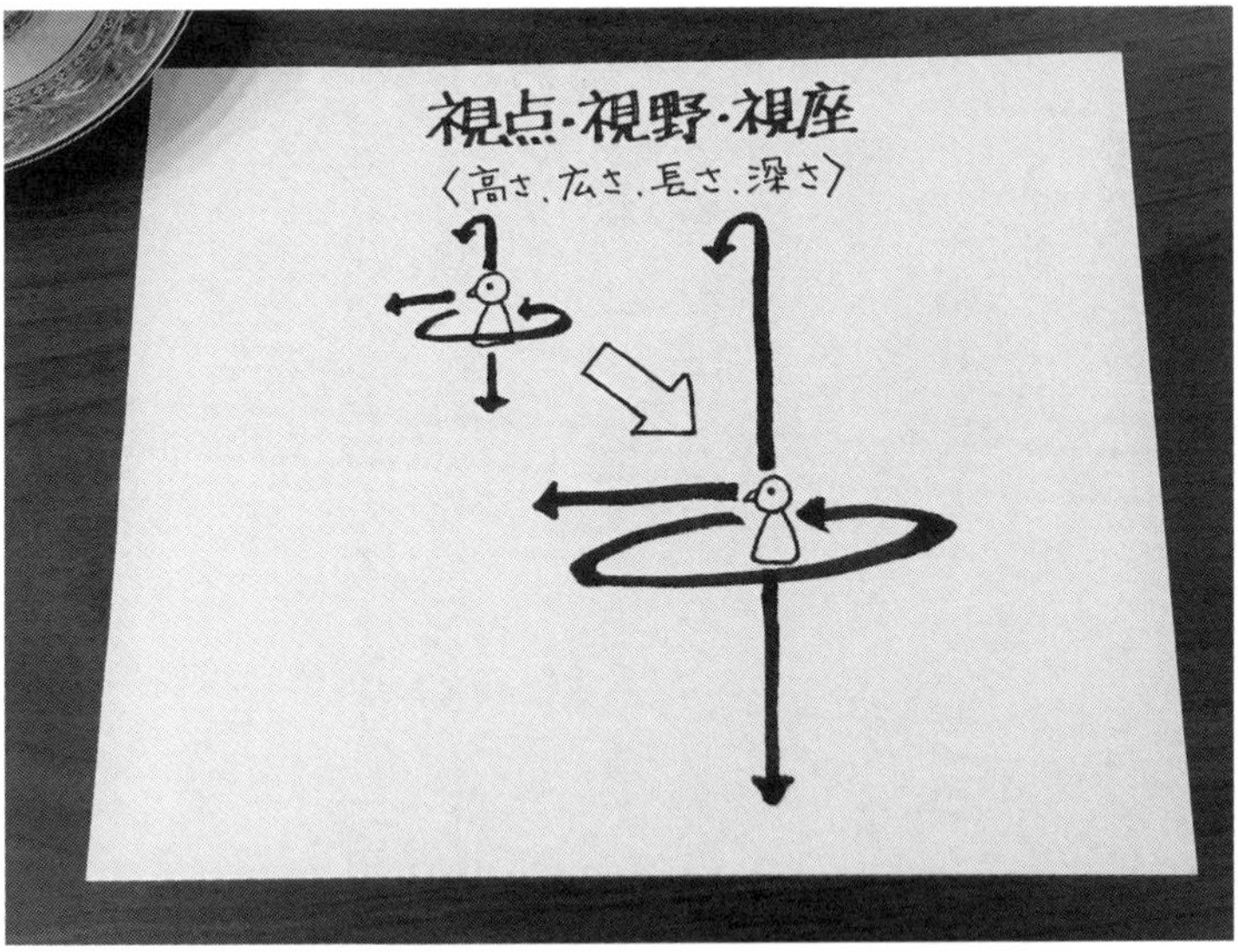

分の中にあるブレーキの存在などにも気づいてほしいと思っています」

「読みながら、自分事として考え、実際に書いて学んでいくスタイルの本ですか。それは面白い！」

マスターは、心底楽しそうに笑った。

「それで、本のタイトルはもう決められたんですか？　吉田さん」

「マスターが私の名前を覚えていてくれたなんて、うれしいですね！　本は『成長マインドセット』と名付けました」

「それは素敵なタイトルですね。マインドセットというのは、確か信念や価値観、判断基準という意味でしたよね。吉田さんの本のタイトルにぴったりだと思います」

「ありがとうございます。読んでいただいた方たちが、より強く正しいマインドセットを持てたら、人生がより素晴らしいものになり、そういう人が増えれば社会もより良くなると思うんですよ」

「素晴らしいですね。ところで、この本はどんな方を対象に書かれたんです？」

「本の中では、一人の男性を主人公にしていますが、『成長』の原理原則は、誰にでも当てはまると思っています。例えば自分のスキルを磨きたい、会社で活躍したい、社内の人間関係を円滑にしたいというビジネスマンはもちろんですが、会社の経営者やチームリーダーにとっても社員や部下の気持ちを知り、より成長をサポートするのに役立つと思っています」

「それに、ビジネスだけではないですよね。親御さんや学校の先生が子どもたちの正しい成長を考える上でも参考になったり、ご夫婦やカップルがお互いをよく知り、良い関係を築いたりと、読む人によって様々な気づきが得られそうですね」

マスターは目を細め、うれしそうに男性を見る。

「一人で読むだけでなく、会社でのワークショップや学校やサークルでのディスカッションにも使っていただけたらより効果的だと思っています」

「たくさんの方に吉田さんの本を読んでもらえるといいですね」

「はい、私にはベストセラーを書きたいとか、みんなから褒められたいといった願望はほとんどないんです。ただ、この本を通して一人でも多くの人の役に立てたら、すごくうれしいと思っています」

「ははは、その考え方もあなたらしいですね」

「今日は久しぶりにマスターとお話しできて楽しかったです。コーヒーごちそうさまでした。また遊びに来ますね」

「はい、いつでもお待ちしています。次は私も何か新しい図を用意しておきましょう」

「それは楽しみです」

男性がドアを開けて出て行くと、外からほのかな沈丁花の香りが運ばれてきた。

*　　*　　*

本書を手にとり、最後まで読んでくださり、ありがとうございました。

プロローグでも少しご紹介したように、私は以前の経験から『成長』の本質、原理原則を知ることがとても大切だと考えてきました。セミナーやワークショップをいろいろなところで開いていますが、ほとんどの方が会場に入って来られたときよりも、明るく晴れやかな顔で帰っていかれます。その姿を見るたびに、知られているようで知られていない、『成長』の原理原則を、なんとかして多くの人に伝えたいと考えるようになり、今回、その想いがようやく形になりました。

皆さんお一人おひとりが、いろいろな感情を抱きながら、本書を読み進められたと思います。感じ方も気づきのポイントも人それぞれ。同じである必要はありませんが、何か一つでもご自分の人生を良い方向に導くヒントを得たと感じてもらえたら本望です。

そして、成長の本質、原理原則を知り始めた皆さんは、これから実践を通して、少しずつご自分のアイスバーグを大きくされていくと思いますが、「知っていることとできることは違う」と言われるように、実践していく上で壁に当たったり、難しかったりすることもあります。そこで、本書の最後に、実践される際の3つのアドバイスをさせていただきます。

まず、1つ目は『アイスバーグの分割』です。成長するためにはアイスバーグを大きくすることが重要なのですが、ご自分のアイスバーグ全体を大きくしようと意識しすぎると、具体的な行動がイメージしづらくなることが多いようです。その場合は『アイスバーグを小さく分割』することをお勧めします。

小さく分割するというのは、例えば今任されている業務を1つのアイスバーグとして捉えるということです。あなたが営業の仕事をされているとしたら、明日行く営業を1つのアイスバーグとして考えてみます。その営業先に対してのあなたの想いの強さはどうか？　そこに対しての行動やふるまいは？　スキルに対してしっかり準備をしたのか？　を考え、継続的にその営業先に行く際に、前回の訪問より自分のアイスバーグが少しでも大きくなったかを考えたり、できればノートに書いたりしてみてください。この方法は毎日のあなたの仕事において、どんなものにも応用が利きます。

2つ目は『主体的体験学の積み重ね』です。学んだことは、実践をしなければ身にはつきません。別な言い方をすれば「インプット」したものは「アウトプット」してはじめて価値が出ます。今の社会は膨大な情報に溢れており、得て多くの情報や知識を、読んだだけ、知っただけで満足して、完全に使いこなせるまでに至っていないのではないでしょうか。情報や知識の「量」に満足するのではなく、より本質的で重要なものにフォーカスできる能力を高めると同時に、得た知識はできるだけ早く実践することが大切です。

そして、その実践は『主体的』でなければなりません。外部からのオーダーやルールではなく、自らの主体的行動選択による『体験』の場合のみ、あなたの正しい軸が形成されます。そして、それを継続的に積み重ねていくことであなたのアイスバーグは大きく成長していくのです。

3つ目のアドバイスは『アイスバーグの定期点検』です。前述した「知っていることとできることは違う」の要因は「身についているか」です。確実に自分のものにするためには、できるようになるまで「継続」する必要があります。これをするかどうかで、アイスバーグの大きさも変わってきます。私は本の読み方には2つあると思っています。「広い知識吸収乱読型（キュレーション型）」と「自分軸形成型（バイブル型）」です。前者の読み方も必要だと思いますが、本書に関しては後者をお勧めします。そして、ご自分のアイスバーグを定期点検するために、本書を繰り返し活用していただきたいのです。

例えば半年後に本書を再度読み返してみてください。そして、前回自分が書き込んだアイスバーグの図や文章などと今回のものを見比べてみてください。一度目に読んだときには気づかなかったことや、浅くしか理解や腹落ちができなかったことが、半年の体験を経て少しだけ深く自分の中に浸透していることが分かるでしょう。そして、以前より『成長』している自分を確認できると思います。
車や住宅にも定期点検が必要なように、それより耐用年数が長い人生も定期点検をしたほうが、皆さんのQOL（クオリティー・オブ・ライフ）は必ず高くなります。そして、3年後、5年後の定期点検では、きっと「一度目に読んだときには、何であんな小さなことで悩んでいたんだろう？」と感じるほど、成長した自分に会えるはずです。拙著をバイブルに例えるのは大変おこがましいですが、皆さんのアイスバーグを大きくするために、寄り添い、サポートできる1冊になれたらこれ以上の幸せはありません。

あなたの人生の『経営者』『オーナー』はあなた一人です。その権利を他の誰にも委ねることなく、無駄なブレーキを踏まずに、あなた自身であなたの人生を素晴らしいものにしていきましょう！

2018年4月

吉田行宏

本書の中で使われた図やワークシートは、下記のアドレスにアクセスしていただくとダウンロードできます。会社や学校、サークル等での研修やワークショップにご活用ください。
また、下記サイトには、読後レビューや、インタビュー、成長マインドセット関連のイベントや活用事例等を掲載していきますので、是非ご覧ください。

http://growth-mindset.jp

【著者略歴】
吉田行宏（よしだ・ゆきひろ）
株式会社アイランドクレア代表取締役
株式会社 LIFE PEPPER 代表取締役
株式会社 POL 取締役

元株式会社ガリバーインターナショナル（現 株式会社 IDOM）専務取締役。創業４年でガリバーを全国展開させ同社を株式公開に導く。10 年で 1000 億円の売り上げを達成した日本でも数少ないハイパーグロースカンパニー。 FC 事業・経営戦略・マーケティング・人事・教育・IT・財務等の担当役員を歴任。2012 年に退任するまでの 18 年間、一貫して人事・評価制度の構築、運営及び社員・幹部育成、教育を行い、独自の研修や育成理論を構築する。

ガリバー退任後は、若手経営者の育成支援と、共同での新規事業創造のため、株式会社アイランドクレアを設立。現在 25 社以上の企業の役員、戦略顧問、出資支援を行っている。

成長マインドセット
心のブレーキの外し方

2018年 4月11日 初版発行
2018年10月29日 第３刷発行

発行 株式会社クロスメディア・パブリッシング
発行者 小早川幸一郎
〒151-0051 東京都渋谷区千駄ヶ谷 4-20-3 東栄神宮外苑ビル
http://www.cm-publishing.co.jp
■本の内容に関するお問い合わせ先 …………………… TEL (03)5413-3140／FAX (03)5413-3141

発売 株式会社インプレス
〒101-0051 東京都千代田区神田神保町一丁目105番地
■乱丁本・落丁本などのお問い合わせ先 ……………… TEL (03)6837-5016／FAX (03)6837-5023
service@impress.co.jp
（受付時間 10:00～12:00、13:00～17:00 土日・祝日を除く）
※古書店で購入されたものについてはお取り替えできません

■書店／販売店のご注文窓口
株式会社インプレス 受注センター ……………………… TEL (048)449-8040／FAX (048)449-8041
株式会社インプレス 出版営業部 ……………………………………………………… TEL (03)6837-4635

カバーデザイン 金澤浩二（cmD）
イラスト 曽根 愛
印刷・製本 中央精版印刷株式会社
ISBN 978-4-295-40186-5 C2034